*o acaso
não existe*

*o acaso
não existe*

Tudo tem uma razão de ser

Mira Kirshenbaum

Tradução
Ivone Carvalho

2ª edição

CIP-Brasil. Catalogação-na-fonte
Sindicato Nacional dos Editores de Livros, RJ.

Kirshenbaum, Mira

K65a   O acaso não existe: tudo tem uma razão de ser / Mira
2ª ed.   Kirshenbaum; tradução Ivone Carvalho – 2ª ed. – Rio de
Janeiro: BestSeller, 2008.

Tradução de: Everything happens for a reason
ISBN 978-85-7684-026-8

1. Mudança de vida – Aspectos psicológicos. 2. Significação
(Psicologia). 3. Conduta. I. Título.

06-1364   CDD – 158
                                              CDU – 159.94

Título original norte-americano
EVERYTHING HAPPENS FOR A REASON
Copyright © 2004 by Mira Kirshenbaum

Capa: Sense Design
Editoração de miolo: Kátia Regina de A. Silva

Todos os direitos reservados. Proibida a reprodução,
no todo ou em parte, sem autorização prévia por escrito da editora,
sejam quais forem os meios empregados.

Direitos exclusivos desta edição reservados pela
EDITORA BEST SELLER LTDA.
Rua Argentina, 171, parte, São Cristóvão
Rio de Janeiro, RJ – 20921-380
que se reserva a propriedade literária desta tradução

Impresso no Brasil
ISBN 978-85-7684-026-8

Para Shaye

Em tempos de escuridão, o olho começa a enxergar.
— *Theodore Roethke*

Feliz daquele que consegue conhecer as causas das coisas.
— *Virgílio*

Nada é tão maravilhoso que não possa existir.
— *Michael Faraday*

Sumário

Agradecimentos 11
Aos meus leitores 15

Parte 1
Por que tudo acontece?

Tudo tem **mesmo** uma razão de ser 19

Uma viagem de descoberta 27

Dez razões, um princípio básico 35

Um encontro com você mesmo no meio da vida 43

Bem-vindos ao Jardim-de-infância Cósmico 51

O aspecto espiritual do Jardim-de-infância Cósmico ... 57

Parte 2
As dez razões

Esquilos no deserto 65
   RAZÃO 1: PARA AJUDÁ-LO A SE SENTIR À VONTADE NO MUNDO

Três dádivas — 89
RAZÃO 2: PARA AJUDÁ-LO A SE ACEITAR TOTALMENTE

Navegando tranqüilamente em mares bravios — 109
RAZÃO 3: PARA MOSTRAR QUE VOCÊ É CAPAZ DE SE LIVRAR DO MEDO

Amarrando balões a uma pedra — 129
RAZÃO 4: PARA ENSINÁ-LO A ENCONTRAR O PERDÃO

O tesouro oculto — 149
RAZÃO 5: PARA AJUDÁ-LO A REVELAR SEU TALENTO MAIS SECRETO

Vida real, amor real — 169
RAZÃO 6: PARA ENSINÁ-LO A ENCONTRAR O VERDADEIRO AMOR

Sólido como uma rocha — 185
RAZÃO 7: PARA AJUDÁ-LO A SE TORNAR MAIS FORTE

Já estamos nos divertindo? — 201
RAZÃO 8: PARA AJUDÁ-LO A ENCONTRAR A ALEGRIA DA VIDA

Plantando a rosa — 219
RAZÃO 9: PARA AJUDÁ-LO A DESCOBRIR SUA MISSÃO NA VIDA

Enormes potes de doces — 235
RAZÃO 10: PARA AJUDÁ-LO A SE TORNAR UMA PESSOA BOA DE VERDADE

Posfácio — 251

Agradecimentos

Durante toda a minha vida estive cercada por pessoas que lutavam para descobrir o significado dos acontecimentos em suas vidas.

Devo ter começado a "pesquisa" para este livro aos quatro anos. Eu estava no campo de refugiados na região americana da Alemanha pós-guerra, rodeada de sobreviventes das piores experiências possíveis. À época, ninguém me confidenciava nada, é claro, mas as pessoas não paravam de conversar quando aquela garotinha loura agarrada à sua boneca vagueava por entre elas. E quem sabe quantas vezes as ouvi se perguntarem se aqueles eventos teriam algum significado? Quem sabe quantas vezes ouvi suas lágrimas de desespero ou seus suspiros de esperança?

Outro dia, ouvi no rádio um soldado americano que havia perdido um membro na Guerra do Iraque. "Nunca se sabe por que as coisas acontecem", disse ele. Mas eu podia ouvir em sua voz o mesmo desejo de descobrir um sentido que percebia em todas as vozes ao meu redor quando eu era pequena.

É a essas pessoas que quero agradecer por tornarem este livro possível. Foi sua busca pelo sentido dos acontecimentos que me inspirou. E esse era o meu desejo também.

Existe outro grupo de homens e mulheres que foi além na pergunta sem resposta: *Por quê?* Eles insistiram e descobriram o motivo pelo qual um grande episódio os atingiu. Todas essas pessoas são meus heróis, e é a elas que devo agradecer, mais do que a quaisquer outras, por este livro. Ele está repleto de suas histórias, que me deram material suficiente para escrever mais uma dúzia de livros. Sem sua ajuda e inspiração, isso não teria sido possível.

Preciso agradecer a meu marido e companheiro, Charles Foster, que escreveu e pesquisou comigo. Cada idéia e cada palavra aqui contidas são tanto dele quanto minhas.

Minha mãe fez sacrifícios heróicos por mim e, à medida que eu aprendia mais e mais sobre nossa história, percebi que ela salvou minha vida inúmeras vezes. Ela exerceu enorme influência sobre mim e sobre este livro. Não posso sequer começar a expressar minha gratidão. Sou muito grata também a meu irmão e minha cunhada.

Sou extremamente grata a meus filhos pela ajuda, apoio e estímulo que me deram.

Meu agente, Howard Morhaim, também é meu amigo, conselheiro e guru, que está em toda parte. Sou muito grata a ele por tudo.

Um agradecimento muito especial à minha editora norte-americana, Shaye Areheart. Conheço Shaye há 20 anos. Ela sempre esteve presente nos momentos mais críticos. A forma e o conteúdo da edição original deste livro são resultado da genialidade e da paixão de Shaye.

Também agradeço a Jeanne Forte, que, junto com Shaye, trabalhou duro. E agradeço muito a Sibylle Kazeroid, meu sábio produtor editorial.

Julie Will me impressionou com sua energia e habilidade. Obrigada.

Também quero agradecer muito a Debbie Natoli e Mary Shuck, por criarem o que é simplesmente a melhor capa de livro que já vi, a da versão norte-americana.

Sou extremamente grata a Katherine Beitner e a Melissa Kaplan, pelo trabalho maravilhoso para trazerem este livro a lume.

Finalmente, agradeço a todas as pessoas que me procuraram ao longo dos anos. Suas sugestões, seus pedidos de socorro e suas declarações de agradecimento formaram a estrutura de minha vida.

Aos meus leitores

*E*spero que este livro faça diferença em sua vida. Posso dizer que ele mudou completamente a minha.

Quando efetivamente dei início à pesquisa que constitui a base desta obra, não acreditava em Deus. Fui muito religiosa até a adolescência e, de repente, perdi aquilo que me possibilitava ter fé. Você ouve falar de pessoas que um dia acordam e descobrem que perderam o paladar. Eu perdi minha percepção de Deus. E foi assim durante quase toda a minha vida adulta.

Não sei dizer realmente o que aconteceu para que eu resgatasse completamente minha fé em Deus, meu extremo sentimento de que Ele é real e está sempre comigo. Tudo que sei é que ouvi inúmeras histórias de pessoas que passaram por uma situação de extrema dificuldade e depois, quase por um milagre, descobriram o verdadeiro significado de tudo aquilo. E, de algum modo, no processo de descoberta de como a vida é cheia de significado, tornei-me plena de Sua presença.

Não me compreenda mal. Este não é um livro sobre Deus. É sobre pessoas e a busca pelo significado dos eventos de suas vidas. Você não precisa crer em Deus para acreditar que existe um significado nos acontecimentos. Muitas pessoas que você encontrará nestas páginas e que descobriram a razão pelas quais passaram por determinadas situações não acreditam em Deus. E isso não tem importância.

Mas este é um livro sobre como tudo pode mudar para melhor quando você entende que *todos* os fatos têm um significado e um valor. É provável que as mudanças para você ocorram de um modo diferente. A questão é que existem situações das quais precisamos desesperadamente para dar nossos próximos passos e, de algum jeito, descobrir que tudo tem um significado nos dá exatamente o necessário para seguir adiante.

Tudo que posso prometer é que, ao final deste livro, você terá encontrado o significado dos episódios de sua vida. Mas tenho certeza de que este conhecimento terá profundo efeito sobre você e seu modo de viver. Espero sua visita no *site* www.EverythingHappensForAReason.org – e que você me conte sua história. Aguardo seu contato.

Parte 1

Por que tudo acontece?

Tudo tem *mesmo* uma razão de ser

Será mesmo verdade que tudo tem uma razão de ser? Isso é algo curioso de se dizer: não importa o que aconteça, não só algo valioso surge daí, mas justamente aquilo de que se precisa.

É incrível, mas *é* verdade. Levou muito tempo, mas agora eu entendo que, até na pior desgraça – e eu tive a minha cota delas –, tudo vem acompanhado de dádivas maravilhosas, oportunidades escondidas ou lições de vida enriquecedoras. Se alguém cabeça-dura como eu pode entender isso, qualquer um pode.

Às vezes, é claro, é fácil acreditar que tudo tem uma razão de ser. Percebemos isso nas pequenas situações, quando nossos planos para um programa noturno vão por água abaixo na última hora e descobrimos que tudo que realmente queremos é passar a noite em casa.

Outras vezes, vemos isso em eventos nem tão pequenos assim. Conheço uma mulher que deu um jeito nas costas e foi obrigada a passar um mês na cama. Ela achou que aquilo era a última coisa de que precisava na vida, principalmente porque passava por um momento em que tinha de tomar decisões importantes. E aí aconteceu – aquilo *era* exatamente o que ela desejava. A mulher tinha um velho hábito de tomar decisões de maneira impetuosa, sem refletir cuidadosamente. Então, foi como se a vida lhe dissesse: "Se você não se dá um tempo para pensar, dou eu."

Nós realmente *queremos* acreditar que tudo o que nos acontece tem um significado importante. Julgamos que a vida deveria ser assim. Isso mesmo, há dias em que nos sentimos em uma novela. Mas nós queremos – e *precisamos* – pensar que para tudo há um propósito e um valor. E estamos certos.

Tenha certeza de que: quando você descobre o verdadeiro significado dos acontecimentos em sua vida, tudo muda.

Você se sente mais forte porque o sentimento de que tudo tem um significado lhe dá muita segurança.

E se sente mais sábio porque entende como tudo está interligado.

Também estabelece maior contato com quem você é porque sabe que leva a vida que deveria.

E fica mais feliz porque é capaz de deixar as perdas para trás e acreditar que existe um futuro repleto de surpresas boas.

Até que se chegue a esse ponto, nada dá certo. Digamos que você esteja na rua e, de repente, um pingo d'água caia sobre sua cabeça. Você não será capaz de pensar em mais nada até entender por que isso aconteceu. Será que o pingo caiu de um aparelho de ar-condicionado? Será que está começando a chover? Será que um pássaro fez xixi na sua cabeça? *Você tem que saber por que aquele pingo d'água caiu na sua cabeça ou então não se sentirá seguro.*

Precisamos saber o motivo, principalmente quando o que nos acontece é uma catástrofe. Se você não entender a catástrofe, é como se sua vida fosse um dado lançado sobre uma mesa de jogo: se nada tiver significado, tudo é aleatório, tudo pode acontecer.

É doloroso viver sem saber por que você ficou tão doente determinada ocasião ou perdeu o amor de sua vida – muito mais doloroso do que se pode imaginar. Conheço uma mulher que, em sua época de faculdade, voava para casa para a celebração do Dia de Ação de Graças. Durante um vôo, a quase 100 metros de altitude, ela sentiu uma terrível dor de ouvido. Mas não foi isso que a fez chorar. Na escuridão da noite dentro do avião, ela soluçava, pensando em por que *existia* uma dor como aquela no mundo, aparentemente sem propósito.

Um rapaz descreveu esse sentimento de outra maneira: "Quando penso sobre tudo de ruim que já me aconteceu, sinto que sou apenas um idiota no universo. É humilhante! Em uma rua cheia de gente, *sou eu* que pisa no cocô de cachorro. Ninguém é tão tolo ou azarado como eu. O problema é: como posso seguir em frente, como posso confiar no futuro se me sinto um idiota azarado?"

Saber que tudo tem uma razão de ser também evita o sentimento de culpa – um modo bastante humano de tentar compreender uma catástrofe, mas, na maioria das vezes, odiamos esta sensação. E, mesmo assim, quando algo de negativo nos acontece, pensamos quase automaticamente: *Todos me odeiam, sou um perdedor, estou predestinado.* E aí começa a culpa.

Culpamos os outros e acabamos com a sensação de que o mundo está cheio de pessoas más. Culpamos a nós mesmos e em seguida, em vez de nos sentirmos saudáveis, fortes e plenos, julgamo-nos doentes, fracos e derrotados. E culpamos a própria vida. O que poderia ser mais desmoralizante do que nos sentirmos condenados a sempre passar por situações negativas e não sermos capazes de tomar qualquer atitude?

A culpa é como um bumerangue: dá voltas e nos acerta em cheio na cabeça. Pense nisso: se você vir uma pessoa lutando contra a tristeza, a ansiedade e a negatividade, preste atenção à história dela. Você logo perceberá que ela vive em um mundo onde tudo lhe causa culpa porque ela não atribui significados positivos ao que acontece. A única solução é restaurar o sentimento de que para tudo *há* uma boa razão.

Explique *isso*, por que não?

Há anos, se você me dissesse que "o acaso não existe", eu diria que isso era uma grande besteira. Tive experiências tão dolorosas na vida que não é de admirar que eu não tenha descoberto o significado dos acontecimentos e tenha desistido de procurá-lo. Agora, sei que isso foi um grande erro.

Muitos eventos desafiam nossa percepção de que tudo tem uma razão de ser. Não importa o que seja. Você fica doente no pior momento possível. Acha que encontrou o amor de sua vida, mas algo acontece entre vocês e então se separam. Você teve uma infância extremamente sofrida. Os planos dão errado, e você perde muito dinheiro. Alguém que você ama morre.

Bem, pensamos, *talvez haja um significado em alguns casos, mas não para* este.

E mesmo que ainda tenhamos um resquício de fé de que exista um significado para esses acontecimentos, não sabemos como encontrá-lo. Afinal, os episódios não vêm com rótulos indicando o que significam. Podemos passar anos procurando em vão. Recorremos aos amigos, mas eles não passaram pela mesma situação. Recorremos a alguém que tenha vivido algo parecido, mas é provável que aquela pessoa também esteja à procura de um sentido.

Em algum momento, podemos ser tentados a desistir da procura. Foi o que aconteceu comigo. Foi preciso que um paciente me acordasse e me desse a esperança de que podemos descobrir o significado dos eventos à nossa volta. Tudo de importante sobre como desempenhar meu trabalho, aprendi com meus pacientes. Scott foi um de meus melhores "professores".*

A mensagem na garrafa

Todos sonhamos com o que queremos fazer de nossas vidas. Há muitos anos, na primeira vez em que Scott veio ao meu consultório, ele sonhava em voltar para a faculdade e se tornar um paisagista. Mas ele tinha receio de abandonar seu emprego e seu ótimo salário. Como você pode imaginar, identificar as principais questões de ansiedade, baixa auto-estima e identidade foi algo que desempenhou um papel importante no trabalho que realizamos juntos. Apesar disso, em pouco tempo, nosso trabalho tinha como propósito ajudá-lo a conseguir o que precisava para que seu sonho se realizasse. Ele concluiu um programa de dois anos em uma excelente escola e acabou abrindo uma pequena empresa de paisagismo. Ele se sentia realizado.

Anos depois, Scott voltou ao meu consultório. Infelizmente, ele adquirira um linfoma não-Hodgkin e achava que estava morrendo. (O câncer de Scott acabou regredindo e ele está bem.) Declarou que queria descobrir por que havia manifestado aquela terrível doença exatamente quando sua vida começava a decolar.

– Não seria esta uma questão realmente teológica? – perguntei a Scott.

Na verdade, eu não queria lidar com esse tipo de questão. Naquela época, minha atitude era de que nunca se poderia en-

---

*Este livro apresenta histórias reais, algumas resultantes de minha pesquisa, algumas de grupos que coordenei, outras, de pacientes. Prometi a todos total privacidade, o único modo de garantir que eles e todos que contatei falassem abertamente. Portanto, alterei os nomes e os detalhes que pudessem identificá-los, mas mantive a essência de todas as histórias, a verdade sobre suas vidas e o fundamento do que eles tiveram a me ensinar.

contrar uma resposta. E, de qualquer modo, a atitude mais importante é fazer o melhor uso do tempo que lhe resta. Por que perguntar por quê?

Mas Scott, felizmente, manteve-se apegado à sua necessidade. Ele estava prestes a me ensinar uma lição importante acerca do verdadeiro sentido de se ajudar as pessoas, que é dar suporte para que encontrem um significado para as situações. Depois de eu ter descartado sua questão, Scott me olhou com lágrimas nos olhos, como se eu o houvesse traído, e disse:

– Você não entende. Não quero morrer me sentindo como um esquilo que foi atropelado na estrada da vida: "Cara, que azar." Sei que *não* sou apenas uma vítima do jogo do acaso. Não posso acreditar que vivo em um universo onde o que nos acontece não tem significado algum. *Existe* um significado nisso tudo, uma mensagem em uma garrafa para mim. A mensagem está simplesmente fora de alcance, mas é muito importante para mim. *Ajude-me a encontrar essa mensagem.*

De algum modo, *aquilo* ficou claro. Lembrei-me de como eu também queria *encontrar aquela mensagem* quando era criança. (Daqui a pouco, vou contar tudo o que aconteceu a mim e a minha família e que me deixou louca para encontrar algum significado e como me senti desolada quando pensei que não conseguiria.) Olhando nos olhos de Scott, perdi a sensação de estar irada contra o universo porque o que nos acontece não vem com um rótulo indicando seu significado. A necessidade de Scott reacendeu minha necessidade e todas as esperanças que vinham com ela. Eu achava que esta minha necessidade estivesse morta. E agia assim. Mas o que Scott requeria era tão genuíno e *legítimo* que me fez perceber que ela nunca deixara de existir. De repente, senti uma conexão total e nova com Scott, com o meu eu jovem e com uma porção de gente que estava bastante ansiosa para sentir que tudo o que lhes sucedia tinha um significado.

Só havia um problema: como eu poderia ajudar Scott a descobrir o motivo pelo qual ficara doente e poderia morrer se não conseguisse ajudar a mim mesma? Fiquei profundamente abalada enquanto dizia a ele que entendia como essa situação deveria ter um significado e depois confessei-lhe que não sabia como ajudá-lo a descobrir qual. Sabia que falhara com ele e isso me deixava péssima. Então, prometi a mim mesma que aprenderia como ajudar as pessoas a encontrar o verdadeiro significado dos episódios que vivenciavam.

Meses depois, Scott me telefonou. Ele certamente não estava tão desapontado comigo quanto eu mesma. Acho que todos nós sabemos como é difícil essa busca. Havia um quê de vitória em sua voz.

– Eu sei por que fiquei doente! – disse ele. – Observe em que ponto de minha vida eu estava. Eu havia feito muitos progressos, mas continuava com medo de muitas coisas: viagens de avião, confrontos, más notícias e tudo mais. Eis o presente que a doença me trouxe. Todos os dias, estou aprendendo a não sentir medo, isso é o mais importante. A morte é o grande confronto. Quando você encara a morte, como pode sentir medo, por exemplo, da rejeição de alguém? Quer saber: a verdade é que os covardes morrem várias vezes, mas os heróis morrem apenas uma. Prefiro levar uma vida curta sem medo a ter uma vida longa cheia de medo, a morte em vida.

"E eu não teria descoberto nada disso se não tivesse ficado doente. Não sei quanto tempo me resta, mas, no momento em que eu tiver partido, me sentirei mais vivo e menos amedrontado do que nunca."

Todas as pessoas que sobrevivem a um desastre sentem que adquiriram uma nova vida. Mas Scott sentia que a tinha ainda quando pensava que estava morrendo. Entender que existia uma razão em tudo o que acontecia em sua vida, descobrir que razão era aquela, isso fez uma grande diferença para ele.

Isso fez toda a diferença para mim também.

Uma viagem de descoberta

*E*ra o início de minha viagem de descoberta. *Nossa*, pensei, *tudo realmente muda se você descobre a razão pela qual algumas coisas acontecem*. Mesmo assim, eu ainda era cética – estava longe de acreditar que Scott tinha descoberto a verdadeira explicação de ter ficado doente ou que algum motivo pudesse ser descoberto. Mas isso tinha um significado para ele e, como terapeuta, eu tinha de levar isso a sério. *Imagine só*, pensei, *se eu pudesse ajudar outras pessoas a descobrirem o mesmo que Scott...*

No fundo, é claro, eu sabia como eu mesma precisava disso.

Minha história

Tenho certeza de que já obtive mais bênçãos do que a cota a mim destinada. Tive um casamento feliz por um longo tempo, tenho dois filhos maravilhosos e grandes amigos. Ao longo dos anos, venho tendo o privilégio de ajudar milhares de pessoas – e amo meu trabalho. Talvez você esteja pensando: *Bem, o que Mira sabe*

sobre o que deve estar por trás de alguma situação realmente ruim?
Boa pergunta.

Minha vida foi recheada de perdas. Como filha de sobreviventes do Holocausto, perdi o mundo em que deveria crescer. Sim, meu pais sobreviveram, mas o restante de minha família foi morta: os sete irmãos e irmãs de minha mãe, os cinco irmãos de meu pai e meus avós.

Perdi também os primeiros anos de minha infância. Fui levada clandestinamente na traseira de uma carreta de feno. Aos três meses de idade, quase morri de disenteria. Morei em um campo de refugiados durante meus quatro primeiros anos. Barracas cheias de adultos que se recuperavam de suas vidas despedaçadas não resultam numa boa escola para a vida.

Aos quatro anos, mais uma vez minha história virou pelo avesso e de cabeça para baixo. Perdi meu pai e minha irmã – meus pais se separaram e meu pai e minha irmã desapareceram. Depois, abandonei o único mundo que conhecia, o campo de refugiados, para ir para a América.

Quando cheguei a Nova York, era tão magra que um dos meus parentes distantes caiu em prantos ao me ver. Minha mãe começou a trabalhar em uma fábrica de roupas e eu tinha de tomar conta de meu irmão. Ela finalmente casou de novo, mas meu padrasto era um cara meio estranho. Nós éramos pobres – e só aos dez anos tive um vestido novo, que comprei com o dinheiro de meu trabalho como babá.

Procurando o significado

As partes mais duras de minha infância não foram as marcadas pela história. A história é invisível para as crianças. Os períodos de minha vida que mais me abateram foram os mesmos que afetam milhões de americanos: ver os pais se separarem, perder o pai, não ter dinheiro, sentir-se como um estranho e não ter uma vida familiar feliz.

Como todo mundo, cresci me perguntando por que tudo isso acontecera. Eu realmente queria saber! Eu tinha medo de que meu futuro fosse insignificante como meu passado. Mas se eu conseguisse descobrir por que essas coisas tinham acontecido comigo – ou, melhor, se eu pudesse realmente sentir que o resultado seria positivo –, então poderia ficar segura para seguir em frente.

Eu era muito religiosa, portanto fiz o mesmo que muitas pessoas que lutam para descobrir o significado dos acontecimentos: todas as noites, eu pedia a Deus que me mostrasse por que tudo aquilo havia acontecido a mim e a minha família. Quando fiquei mais velha, pedia algum tipo de explicação para o próprio Holocausto. Mas, se Deus estava realmente respondendo à minha pergunta, eu não O ouvia.

Você só pode ser muito insistente por algum tempo. Por fim, cansei de perguntar por quê. Resolvi, então, tomar outro caminho. Cheguei à conclusão de que era uma pergunta estúpida. Eu queria uma resposta para me sentir mais forte, mas cheguei à conclusão de que eu já era tão forte que não precisava saber a razão de nada.

Quando a ajuda de Deus está em jogo

Nunca me esqueci de que a necessidade das pessoas de descobrirem o significado dos eventos em suas vidas era muito real. Percebi isso quando tinha 19 anos. O primeiro filho de meu irmão acabara de nascer: tinha os braços torcidos em uma posição angustiante de se olhar, problemas respiratórios e não conseguia mamar sozinho porque tinha dificuldade de sucção. Os médicos sabiam que ele provavelmente não sobreviveria e, se contrariasse as expectativas, dependeria para sempre de cuidados especiais.

Passei os primeiros dias com meu irmão, enquanto os médicos examinavam a criança e definiam a extensão de suas dificuldades. Finalmente, quando meu irmão não agüentava mais, deixou o hospital, e eu o acompanhei.

Jamais esquecerei o que aconteceu quando chegamos ao estacionamento. Meu irmão havia sido um garoto muito rebelde, membro de uma gangue e soldado das Forças Armadas. Agora, ele estava ali chorando. Eu nunca o tinha visto chorar. E ele se perguntava por que tudo aquilo estava acontecendo. Ele clamava pela resposta de alguém, do universo, ou mesmo de Deus, que lhe mostrasse que havia uma razão para aquilo tudo estar acontecendo com seu filho. Mas, na época, eu não sabia como encontrar a resposta sozinha – como eu poderia ajudar meu irmão?

Cerca de um ano antes disso, eu havia testemunhado uma situação envolvendo o irmão de minha cunhada na qual Deus *foi* realmente questionado. Todo mundo o achava um gênio – brilhante, bonito, atlético, perfeito. No verão antes de entrar para a faculdade, ele trabalhava em um acampamento para crianças com problemas de saúde. Ele jogava beisebol e estava em pé no campo, fora da demarcação. Havia nuvens no céu, mas nenhuma ameaça de chuva. E, então, um raio caiu e o matou, instantaneamente.

A probabilidade de isso acontecer deve ser de uma em um bilhão. Nosso choque e sentimento de perda nos dominaram completamente. Por que isso aconteceria com alguém? E por que com uma pessoa como ele? As semanas se passavam e essa pergunta se tornou uma obsessão para todos. Conseqüentemente, os professores e representantes do clero organizaram um simpósio para tentar desvendar por que Deus deixara aquilo acontecer.

Mas eles não chegaram a uma conclusão. As pessoas sempre dizem que Deus é onisciente e todo-poderoso, portanto, quem haveria de entender a razão de suas obras? Ou, então, dizem que Deus está a ponto de se afastar da administração diária do universo, portanto, por que pedir a Ele as respostas?

E lá estavam minha família e todas aquelas pessoas inteligentes, e milhões como elas, convencidas de que a procura por significado é uma necessidade da alma. E lá estava eu – convencida de que não havia nenhum motivo para os eventos. Elas estavam certas. Eu estava errada.

A procura começa novamente

Mantive meu ceticismo e erro até Scott abrir meus olhos para a possibilidade de encontrarmos um significado positivo em qualquer situação, se soubermos procurar. Mas, naquele momento, tudo o que eu sabia era que, com certeza, *um* ser humano havia feito essa descoberta.

Logo, o fato é: mesmo não conhecendo os segredos do cosmos, eu conhecia as pessoas. Portanto, cheguei à conclusão de que, se havia um Scott, mais um milhão de Scotts pelo mundo haviam descoberto razões para os acontecimentos, enquanto nós ainda estávamos buscando.

Decidi procurar essas pessoas e aprender com elas. Obviamente, esta é a maneira que sempre utilizamos para realizar as pesquisas em The Chestnut Hill Institute; portanto, essa parte não constitui nenhuma novidade. Observamos algumas tarefas difíceis – cuidar de adolescentes, manter o amor vivo, manter o nível elevado da energia emocional, saber o que fazer para mudar de vida – e depois procuramos homens e mulheres que foram bem-sucedidos nessa tarefa, para que todos pudessem aprender com eles.

E é isso o que faço aqui. Amplio minha rede, transmitindo pedidos para que as pessoas que encontraram um significado para um acontecimento negativo o revelem. Conversei com centenas delas e fiz as seguintes perguntas a todas: Que razão você encontrou? Como a encontrou? E que diferença isso fez para você?

Procure e encontrará

Muitas pessoas estavam na mesma situação pela qual eu e Scott havíamos passado: ansiosas por encontrar o motivo, mas incapazes de fazê-lo. Como eu, muitas, por um período, haviam desistido. Mas, como Scott, continuavam buscando... e buscando... e buscando. Finalmente, elas *encontraram o significado de um acontecimento que parecia sem motivo.*

Um rapaz descobriu um sentido na morte de um amigo quando disse: "Tudo bem, sabe aquela casa que eu queria construir com minhas mãos? Pois bem, chega de esperar. Vou construí-la agora mesmo." E, então, fez a casa, dando início ao lento processo de mudança de uma pessoa que entendeu a importância de realizar um sonho de vez em quando, muito embora nunca exista uma hora conveniente para torná-los realidade.

Às vezes, era o tempo, embora muito lentamente, que fornecia às pessoas suas descobertas. Às vezes, era uma luta interna, uma noite sombria da alma. Outras vezes, encontravam algum mestre sábio. Mas, finalmente, encontravam um sentido para elas, que as deixava prosseguir com força interior, confiantes e cheias de esperança.

Ainda assim, eu queria ser cuidadosa. O que há de bom em descobrir um motivo para alguma situação se isso o fizer infeliz? Portanto, também tive a noção de como essas pessoas estavam satisfeitas com suas vidas. Aquilo me ajudou a manter o foco nas lições e nos dons que produziam bons resultados, como o crescimento, a felicidade e a energia emocional.

No final, senti-me recompensada: as pessoas *conseguem* encontrar explicações positivas em absolutamente tudo o que nos acontece neste mundo louco.

O que aprendi acerca da inexistência do acaso mudou o modo como vejo a vida, a mim mesma – tudo. E isso vai mudar sua forma de ver o mundo também.

Dez razões, um princípio básico

À medida que conversava com as pessoas sobre as razões que haviam descoberto, fiquei, inicialmente, confusa com tantos depoimentos diferentes. Existiam tantos motivos quanto pessoas, ou até mais, porque muitas achavam mais de uma resposta.

No entanto, a vida às vezes oferece a você uma surpresa maravilhosa, revelando-se mais simples do que você imagina. Procurei por padrões nos vários motivos que as pessoas encontraram. Utilizei análises estatísticas e outras de minha experiência. Conforme organizava as informações, combinando o motivo apresentado por uma pessoa com o de outra e me alegrando com todas as conexões que encontrava, percebi que, no fundo, *existem apenas dez significados diferentes para tudo o que ocorre conosco.*

Dentro da mente de Deus

Sentei-me ao computador e digitei uma lista final dos dez significados diferentes que eu havia encontrado. Em seguida, as respostas que eu analisava me atingiram. *Meu Deus*, pensei. Se tudo em nossas vidas tem uma razão de ser, *são essas*.

Se uma pessoa como Scott aparecer com um motivo, você pode dizer que ele está apenas contando uma história para si mesmo. Mas era isso *mesmo*. Essas são *todas* as razões que existem. São as lições que a vida nos ensina. Se o universo realmente é um lugar de aprendizado destinado a nos ajudar a crescer, esse é o ensinamento que ele nos apresenta.

E, em seguida, por um longo momento de calafrios, examinei as dez razões e senti que vislumbrara a mente de Deus. Não literalmente, é claro. Mas como Dorothy Sayers diz em seu livro *The Mind of the Maker*. Assim como você pode conhecer a mente humana por suas palavras e ações, é possível perceber a mente do Criador adotando o mesmo caminho.

Acho que isso é verdade. Pense no melhor professor que você já teve. Seu professor da terceira série, um instrutor da faculdade ou alguém que lhe ensinou artesanato ou natação durante a colônia de férias. Você sabia que ele se preocupava, e nem tudo era brincadeira e piada. Os grandes professores geralmente o fazem realizar uma tarefa extremamente difícil que parece irrelevante. *Por que tenho de passar por isso?*, você se pergunta. Então, em algum momento, talvez anos depois, você descobre que a tarefa tinha um significado maravilhoso: ajudou-o a aprender algo que não conseguiria de outro modo. E finalmente você entendeu o que seu professor estava fazendo, o que estava se passando na mente dele.

É isso o que quero dizer: deveríamos ser capazes de pensar sobre as dez razões como se déssemos uma olhada na mente de Deus. A própria vida nos atribui tarefas, às vezes dolorosas, às vezes extremamente difíceis. Mas suponha que consigamos extrair algo de valioso dessas tarefas e que isso nos faça descobrir a causa para enfrentá-las. Então, como podemos não sentir que isso é um *insight* sobre o que Deus acha que precisamos para crescer como seres humanos?

Quando dizemos que o acaso não existe, eis as razões. Você pode não saber qual delas se aplica a você, mas não se preocupe, porque logo descobrirá.

Os dez significados

Todos os episódios em sua vida acontecem por uma ou mais das razões a seguir:

1. Para ajudá-lo a sentir-se à vontade no mundo.
2. Para ajudá-lo a aceitar-se totalmente.
3. Para mostrar que você pode se livrar do medo.
4. Para ensiná-lo a encontrar o perdão.
5. Para ajudá-lo a descobrir seu verdadeiro talento escondido.
6. Para mostrar-lhe como encontrar o verdadeiro amor.
7. Para ajudá-lo a tornar-se mais forte.
8. Para ajudá-lo a encontrar a alegria da vida.
9. Para ajudá-lo a descobrir sua missão na vida.
10. Para ajudá-lo a se tornar uma pessoa boa de verdade.

Este livro conta a história dessas dez razões, seus significados e importância.

Para completar sua jornada

Aí está você, lidando com algum acontecimento do seu passado ou alguma situação do presente, ávido por descobrir um significado nisso tudo. Ao responder a algumas das perguntas diagnósticas e simples que aparecerão em cada capítulo, você descobrirá qual é a razão pela qual passou por determinada experiência. Você não está, obviamente, limitado a um único motivo! Quanto maior o potencial que você tenha para crescer, mais razões encontrará para a situação pela qual está passando.

Antes de decidir qual é o motivo para o seu caso, leia o livro até o fim. Deixe que o conteúdo atue em você. Você pode se surpreender com o que virá à tona. Ao final, você terá a resposta para a pergunta: *Por que isso está acontecendo comigo?* E um futuro de esperança e crescimento se abrirá para você.

Agora, vou explicar como pensar nas dez razões. Imagine que sua vida seja uma jornada longa e difícil. Em algum momento, faltam-lhe as coisas de que você precisa. Enquanto segue seu caminho, você subitamente cai em um buraco e se machuca. Opa!

Mas nem tudo é negativo. Pelo contrário. Se você olhar bem, descobrirá que bem ali naquele buraco existe algo de que você precisava desesperadamente para completar sua jornada com sucesso. Algo que você não teria encontrado se não tivesse caído naquele buraco. Com o passar do tempo, você pode até dizer que valeu a pena a queda para chegar àquela descoberta.

Um aviso

A razão de um evento ter acontecido é para lhe trazer algo melhor no futuro. O cosmos trabalhou duro para lhe dar essa dádiva, portanto é melhor que você faça bom uso dela. (Não se preocupe, eu vou lhe mostrar como.) Caso contrário, você continuará caindo nos buracos até que entenda o presente que o cosmos está tentando lhe dar. Então, por que não aproveitá-lo agora, enquanto você ainda tem todo o tempo do mundo?

Um princípio básico

Entender o verdadeiro significado dos acontecimentos é mais importante do que se pode imaginar. Como? Descobri que existe um princípio básico por trás das dez razões:

> *O bem que advém dos eventos negativos serve* para ajudá-lo a se transformar em um ser melhor e mais autêntico.

Cada uma das dez razões é um modo diferente de ajudá-lo a se transformar em um ser melhor. E *sua* razão é a fonte específica de que você precisa para ter condições de levar a vida a que está destinado como a pessoa que está destinado a ser. Os eventos acontecem para ajudá-lo a se livrar daquilo que não faz parte de você; para ajudá-lo a ser mais verdadeiro, mais você mesmo, e não igual a todo mundo; para ajudá-lo a levar uma vida mais autêntica; e, finalmente, para ajudá-lo a descobrir quem realmente é.

As circunstâncias sempre nos afastam daquilo que realmente somos. E, quanto mais nos desviamos do caminho, mais provável que seja necessário alguma perda ou dificuldade para nos mostrar o fato de que nem sequer sabemos mais quem somos. Isso nos ajuda a acordar para redescobrir nosso verdadeiro ser.

Laura sempre se julgou uma pessoa boa, amorosa, amiga e prestativa. Ela é mãe solteira e trabalha como corretora de títulos mobiliários. Durante um período de queda na economia, foi demitida. O único emprego que conseguiu em sua área de trabalho foi em uma empresa desonesta e corrupta que vendia ações a preços baixos. Laura trabalhou com isso durante vários meses, sucumbindo cada vez mais diante de si mesma à medida que induzia as pessoas a aplicações financeiras fraudulentas. A pressão do trabalho a tornava cada vez mais impaciente com sua filha. Um dia, na pressa de sair de casa pela manhã, sua filha derramou leite e Laura lhe deu um tapa.

Naquele dia, ela passou o dia atordoada. A tarde chegou e Laura começou a chorar. Foi para casa e chorou a noite toda. No dia seguinte, ela não foi trabalhar; ficou em casa, chorando sem parar.

No auge de sua angústia, ela se perguntava repetidamente: "Onde está Laura? O que aconteceu com Laura?" A verdadeira Laura jamais bateria na filha. A verdadeira Laura jamais trabalharia para uma empresa como aquela.

Com a influência da família e dos amigos, Laura obteve ajuda e tirou umas boas férias. É claro que nunca voltou àquele trabalho. Ela resgatou seu verdadeiro eu.

No entanto, com muita freqüência o processo de autodescoberta acontece de modo completamente diferente. Em vez de começar sabendo quem somos e depois perder a perspectiva de nosso verdadeiro eu, como Laura, continuamos pensando que sabemos quem somos, até que algum fato ocorre e nos faz perceber que *nunca* soubemos quem realmente éramos, e isso faz com que, pela primeira vez, seja possível descobrir nosso verdadeiro eu.

Eis aqui uma história que ouvi do arcebispo de Canterbury, Rowan Williams:

O rabino Yehuda era o homem mais sagrado de sua época. Certa noite, ele sonhou que havia morrido e fora levado diante do trono do céu. O anjo que fica diante do trono perguntou-lhe:

– Quem é você?

– Eu sou o rabino Yehuda, de Praga – ele respondeu. – Diga-me, meu senhor, se meu nome consta do livro dos que vão entrar no reino do céus.

– Espere – disse o anjo. – Vou ler os nomes de todos os que morreram hoje cujos nomes estão no livro. – E leu em voz alta os nomes, milhares de nomes. À medida que o anjo lia, o rabino

Yehuda via os espíritos de todos cujos nomes eram chamados para o céu.

Finalmente, o anjo acabou de ler e o nome do rabino Yehuda não foi chamado. Ele chorou amargamente. O anjo disse:
- Mas eu *chamei* o seu nome.
- Eu não ouvi – respondeu o rabino.

E o anjo disse:
- No livro estão escritos os nomes de todas as pessoas que já viveram, pois toda alma é herdeira do reino dos céus. Mas muitos vêm aqui e nunca ouviram seus verdadeiros nomes nos lábios do homem ou do anjo. Eles viveram acreditando que sabiam quem realmente eram, mas não sabiam. Logo, quando são chamados ao céu por seus nomes verdadeiros, não se reconhecem. Eles não percebem que é para eles que os portões do céu estão abertos.

Com essas palavras, o rabino Yehuda acordou e, levantando-se da cama em prantos, prostrou-se no chão e orou:
- Mestre do Universo! Dê-me a graça de ouvir meu verdadeiro nome pelo menos uma vez antes que eu morra.

Muitos de nós, mais do que imaginamos, somos como o rabino Yehuda. Externamente, temos nossa identidade completa – nomes, graduações, profissões, afiliações. Depois, acontece algo aparentemente cruel e nos desperta para o fato de que nunca conhecemos nosso verdadeiro ser. Ao mesmo tempo, isso nos ensina alguma lição – uma das dez razões para os acontecimentos em nossas vidas – e finalmente nos possibilita que nos tornemos quem realmente somos.

Um encontro com você mesmo no meio da vida

Por que é tão difícil nos tornarmos a pessoa que estamos destinados a ser? Deveria ser fácil. Certamente, não seria difícil para meu cachorro Davy e meus gatos Tippy e Camille levarem uma vida na qual fossem profundamente verdadeiros com eles próprios. Eles não têm nenhum problema de autenticidade!

Acho que atualmente as pessoas têm dificuldade de ser o que realmente são porque, como criaturas sociais, vivemos em um mundo hierárquico no qual somos extremamente dependentes uns dos outros. Para obtermos o que precisamos, às vezes temos de nos tornar um pouco diferentes da pessoa que realmente somos. Fazemos isso para obter aprovação, para continuar a vida, para manter nosso círculo de relacionamentos intacto. Inúmeras pessoas me disseram que, para sobreviverem neste mundo, tiveram de usar uma máscara.

No entanto, você só pode se dar tanto antes de desaparecer. Esta é a razão pela qual, às vezes, é tão difícil reconectar-se ao verdadeiro eu. Mas eis que algo negativo ocorre e lhe dá exatamente o necessário para você se reconectar ao seu eu autêntico e à sua vida.

Há muitos anos, o poeta Dana Gioia, atualmente presidente da National Endowment for the Arts, perdeu seu filho primogênito devido à síndrome da morte súbita infantil. Ele tinha apenas quatro meses. Como Gioia declarou: "A tristeza se abateu sobre nossas vidas como um incêndio avassalador."

Você começa a imaginar como seria possível existir qualquer significado que justificasse a morte de um bebê. Mas é justamente nesse momento em que parece impossível existir uma razão que se torna mais importante encontrar uma. E como você verá a seguir, Gioia a encontrou.

Obviamente, o motivo pode não justificar o que aconteceu ou lhe devolver algo de igual valor. Para ser honesta, não acho que um milhão de significados justifiquem sequer uma única morte. Mas não se trata de uma responsabilidade cósmica. Os significados que adquirimos não têm a intenção de compensar o que perdemos.

De qualquer maneira, não acho que estejamos em busca de uma compensação total. Isso não é necessário. Seja o que for que tenha acontecido, não há volta, acabou. A perda é a perda. Agora, a questão é se existirá *algum* ganho, e isso só pode acontecer quando se entende o respectivo significado. Costumo pensar que, se podemos simplesmente encontrar *algo* de bom que resulta de um episódio negativo, não achamos necessário tentar equilibrar as coisas.

Mas você precisa de uma razão para poder dizer que, no meio das cinzas, não ficou sem encontrar nada, mas encontrou algo de que precisava. Quando você descobre a resposta para a intrigante pergunta "Por que isso está acontecendo comigo?", pela primeira vez sua atenção sai do passado, que você não pode controlar, e é direcionada para o futuro, sobre o qual você tem algum controle.

Isso é o que realmente estamos buscando quando se trata de encerramento. Nada está realmente encerrado – não esses casos que estão sendo tratados aqui. Mas *pode* haver uma mudança total em que colocamos nossa energia emocional, desde um foco inútil no passado até um foco útil no futuro. Não se trata de encerramento, mas de uma *abertura*. Se vamos ou não fazer essa mudança é o que vamos tratar aqui. Se a fizermos, uma vida de plenitude, significado e alegria está à nossa espera.

Foi o que Gioia descobriu. Houve um período de luto em que ele não era capaz de pensar com clareza. Mas, depois, surgiu uma luz. Ele fora um poeta, mas sempre manteve um emprego para se sustentar. Agora, ele decidira abandonar aquele trabalho para se dedicar exclusivamente a escrever: nunca mais fazer nada a não ser escrever.

Por quê? Porque, para ele, o significado da morte de seu filho era o que precisava para aceitar que ele era um poeta e escrever poesia era o que precisava fazer com o seu tempo.

Era como se uma força sinistra lhe dissesse: "Mudarei sua vida drasticamente", mas depois Gioia procurou nas cinzas e achou uma dádiva – a oportunidade de aceitar e satisfazer a pessoa que realmente era e aquilo que era mais importante em sua vida. A maioria de nós não dá ouvidos ao universo, a menos que ele grite conosco. Gioia ouviu o grito e entendeu a mensagem. Ele despertou – e se encontrou.

Eis um segundo exemplo, retirado de um artigo do *New York Observer*, de 27 de janeiro de 2003, sobre a jornalista Oriana Fallaci e sua luta contra o câncer.

> *Quando começou a se recuperar, ela começou a escrever o que chama de seu "grande romance": "Havia 30 anos que aquele romance estava em minha cabeça, e eu não tinha coragem de escrevê-lo, porque eu sabia que seria muito longo, muito difícil, muito complexo", disse ela. "Estava com medo.*

Quando fiquei com câncer, encontrei a coragem. Sou muito grata ao câncer, porque ele me motivou. Eu disse: 'Olha, ou você escreve esse romance agora, ou você morre.' (...) Portanto, o alienígena estúpido – eu chamo o câncer de 'alienígena' – deve me deixar até eu ter terminado esse livro. Se eu morrer no dia após terminar o romance, morro feliz. Lembre-se, se você ouvir falar que a Fallaci morreu, mas terminou o livro – deve pensar que ela morreu feliz."

Durante 30 anos, Fallaci adiou a realização de seu sonho porque aquilo a deixava apavorada. Sua doença lhe deu a capacidade de se livrar do medo. Ela nos mostra como é muito melhor sentir que vivemos em um universo onde as coisas ruins que acontecem trazem benefícios que podem nos ajudar a ser quem temos de ser.

Um terceiro exemplo é o caso de um homem chamado Thomas A. Dorsey. Ele foi ao fundo do poço, mas está claro que o significado da situação que enfrentara era ajudá-lo a descobrir sua voz e seu papel na música americana. Ele começou como compositor de *blues*. Não teve sucesso e entrou numa terrível depressão. Um dia, quando foi à igreja, teve uma experiência religiosa e encontrou Deus. Mas ele ainda não havia encontrado a si mesmo.

Em seguida, sua mulher faleceu, ao dar à luz o primeiro filho deles. No dia seguinte, a criança morreu. Um dia depois, sentindo-se mais sozinho do que nunca, e mesmo assim mais perto do seu verdadeiro eu, Dorsey escreveu seu grande clássico: *Reach Down to Me*, que se tornou uma das principais canções do repertório de Mahalia Jackson. Ele havia descoberto sua voz. Dorsey estava prestes a se tornar o maior compositor de música *gospel* americana do século XX.

Nenhum de nós é diferente dessas três pessoas famosas. Seja qual for o motivo para explicar o que ele passou, o objetivo foi ajudá-lo a obter o necessário para a sua vida.

"Você quer dizer que tudo está relacionado a mim?"

Quando algo acontece para lhe ensinar uma lição, ela tem a ver com você. Talvez por isso seja tão difícil para as pessoas entenderem o significado dos episódios em suas vidas. Elas analisam profundamente a situação, mas não a si mesmas.

Eu sei – você pensaria que o significado viria do acontecimento em si. É o que todo mundo pensa. Afinal, é isso que todos nós estamos fazendo, observando algum acontecimento e dizendo: "Qual é o significado disso?" Mas você não pode analisar o significado de um acontecimento do mesmo modo que o faz com o diagnóstico de um exame de raio X. Os acontecimentos não carregam seus próprios significados.

Sabemos disso porque as pessoas que passaram pelas mesmas situações apresentaram significados diferentes. Vou relatar as histórias de duas mulheres. Ambas foram estupradas. Ambas foram profundamente agredidas. Por um tempo, perderam a confiança nas pessoas, na vida. E estavam muito interessadas em encontrar uma razão para tudo aquilo ter acontecido com elas. Mas cada uma descobriu um significado diferente, e nisso reside uma lição importante para todos nós.

Eis a história da primeira mulher:

> *Algo resultou daquela experiência terrível. Sempre fui tratada como um zero à esquerda pelos namorados, amigos, o nome que quiserem dar. Logo, sem-*

> pre me achei um zero à esquerda. Embora eu não percebesse, essa era a batalha de minha vida – quando eu ia despertar para o fato de que era importante? Olha, vou lhe contar algo – ser estuprada realmente lhe traz a mensagem de que você não é nada. Para mim, este era o grande horror de tudo isso: ser tratada como uma pessoa absolutamente insignificante. Bem, levou muito tempo, mas finalmente percebi que, se me considerava um zero à esquerda, estava fazendo comigo exatamente o que os estupradores fizeram. E me nego a fazer isso. Essa terrível experiência realmente me obrigou a me aceitar como uma pessoa importante. Prometi a mim mesma que nunca mais iria rejeitar meu verdadeiro eu.

Agora, leia o que a outra mulher relatou:

> É engraçado o que se passa em sua mente quando algo realmente terrível lhe acontece. Enquanto aquele homem estava me estuprando, pensei: Bem, você passou a vida com medo, e ser estuprada era um de seus maiores medos, e agora está acontecendo. E essa é a parte que tenho vergonha de admitir porque o que aconteceu comigo foi realmente indescritível. Mas ser estuprada não era pior do que viver com todos aqueles medos que alimentei por tantos anos. Aquele homem queria que eu sentisse medo. Por que eu faria isso a mim mesma? Para mim, aquele foi o início do meu aprendizado para viver sem medo.

Temos, então, dois acontecimentos semelhantes mas dois significados muito diferentes. Isso deixa claro que as lições que você tem de aprender não estão contidas nos acontecimentos em si. Elas chegam até você *por intermédio* daquilo que lhe acontece, e elas chegam em função daquilo que você precisava antes mesmo de o evento ocorrer.

Bem-vindos ao Jardim-de-infância Cósmico

Como descobri as dez razões para os acontecimentos em nossas vidas, tinha de encontrar uma forma de dar sentido ao que eu tinha em mãos. Confiei nas pessoas – sabia que, como essas eram as razões que as pessoas declaravam, eram verdadeiras. *Mas qual é a origem delas?*

Meu primeiro passo para conseguir dar um sentido a isso foi quando eu finalmente entendi algo. Eu estava presa à idéia de que o universo era um lugar de acontecimentos aleatórios porque eu havia rejeitado totalmente o que achava que era a única alternativa: a idéia de Deus como um mestre de marionetes, alguém que está acima de nós, controlando cada mínimo acontecimento, o responsável direto pelo acidente de carro que matou seu irmão, pelo câncer de sua avó, pelo desastre de avião da semana passada e pela morte de seis milhões de pessoas no Holocausto. Eu me negava a acreditar que Deus pudesse ser um mestre de marionetes assim.

Não consigo sequer imaginar um Deus que deliberadamente causasse algum mal a um fio de cabelo de um bebê.

Nenhum plano cósmico poderia valer isso. Dez mil pessoas não morrem em um terremoto para que eu possa acordar para o fato de que a vida é algo que precisa ser saboreada! Ou mesmo para que todas as pessoas do mundo possam despertar para este fato.

Como, então, *dar* sentido ao fato aparentemente incontestável de que tudo tem um motivo para acontecer?

A sala de aula da natureza

Quando me sinto confusa, volto-me para a natureza. A natureza me equilibra. Quando penso que entendo como o mundo natural atua, sinto que posso entender como o cosmos age.

Se existe algo na natureza realmente verdadeiro, é o fato de que o mundo natural é um lugar de aprendizado. Tudo bem, pode ser que as rochas não aprendam, mas as plantas e os animais, sim. Esse é o cerne de tudo que aprendemos sobre a evolução. Um espécime vivo – uma rosa, uma abelha, um cacto, um camelo – é uma lição que se aprendeu em decorrência de um meio ambiente hostil. Ela existe porque algumas das primeiras espécies encararam um desafio e "aprenderam", no sentido de encontrar uma nova forma de ser. Para uma gazela, a razão pela qual os leões são rápidos é fazer com que elas, gazelas, sejam mais rápidas. E quanto mais rápido eu fico, mais perto chego de minhas verdadeiras gazelas. Se sou um camelo, os desertos são quentes e secos para me darem corcovas e, na verdade, para me darem um propósito na vida, criatura repugnante que sou.

Na natureza, o jogo se chama adaptação e aprendizado. Bem, nós, humanos, somos partes da natureza, mas temos uma vantagem: não precisamos nos transformar em uma nova espécie para aprendermos as lições que nos são ensinadas por nossos ambientes hostis.

Se algo me acontece e se eu aprendo com isso, então, imediatamente, me transformo em uma nova espécie de mim. Experimentei um método de minievolução dentro de mim mesma. Uma forma menor surgiu dentro de uma forma ligeiramente maior de mim.

O período do jardim-de-infância

Na perspectiva humana do mundo natural, o aprendizado também é o objetivo de tudo. E como você e eu temos muito a aprender, a vida humana para mim é um tipo de jardim-de-infância. Afinal de contas, é nesse período que adquirimos o sentimento na parte mais profunda de nosso ser de que tudo tem uma razão de ser. Você levou um tombo e aprendeu a olhar por onde estava andando. Seu amigo se mudou e você aprendeu que poderia fazer novos amigos.

Na maioria das infâncias e na fase feliz de toda infância, a vida resplandece com significado e todos esperamos que isso nunca acabe.

Bem-vindos ao *Jardim-de-infância Cósmico*. Você machuca a canela, chora, fica triste, mas este é o tipo de jardim-de-infância em que você fica para sempre, e do qual não quer nunca ir embora. Você sempre aprende lições valiosas e sempre existem infinitas dádivas maravilhosas esperando por você, principalmente como resultado das duras rupturas que tem de enfrentar. Talvez, em seu ambiente de trabalho, seus inimigos estejam prontos para lhe aprontar alguma armadilha, mas o universo em si é uma comunidade melhor.

Para pessoas que estão interessadas em aprender, a vida é realmente um lugar de educação, e este aprendizado dá significado às nossas vidas.

Eis um exemplo. Para desafiar o velho regime racista, Nelson Mandela, o primeiro presidente negro da África do Sul, passou a maior parte de sua vida adulta na prisão. Foi uma calamidade. Depois dessa experiência, qualquer pessoa poderia facilmente passar o resto de seus dias cheia de amargura e tristeza.

Mas Mandela não concordava com isso. É óbvio que ele condenava o sistema político que o colocara na prisão. E certamente ele preferiria ter passado o tempo todo em liberdade. Mas ele considerava seus anos de prisão uma grande oportunidade. Ele foi capaz de crescer e aprender. Ele encontrou uma voz e ganhou enorme notoriedade na luta por sua causa. O mundo não só lhe dava ouvidos, mas também o reverenciava de uma forma que jamais aconteceria se não fossem as circunstâncias.

Mandela tinha o perfeito entendimento de que tudo tem uma razão de ser e sabia que a explicação era tal que ele poderia desenvolver uma sabedoria interior que não teria encontrado se não passasse por aquela experiência. Esta se tornou a base de tudo que ele viria a alcançar. Se o caráter de Mandela não tivesse sido endurecido na forja da prisão, talvez ele não se mostrasse tão sábio e efetivo quando de sua hora de governar.

O *Jardim-de-infância Cósmico* enviou Mandela para a prisão. Isso tornou minha infância confusa. Quem pode dizer o que está reservado para nós? Na verdade, o *Jardim-de-infân-*

cia Cósmico atua de mil maneiras, grandes ou pequenas, extremamente sutis e incrivelmente óbvias. Trata-se da *vida*, pura e simples. Mas, se pudermos visualizar a vida como nosso *Jardim-de-infância Cósmico*, feito especialmente para nós, isso nos dá uma razão para nos sentirmos esperançosos e muito mais seguros.

O aspecto espiritual do Jardim-de-infância Cósmico

Aprendi a aceitar a idéia de que vivemos em um *Jardim-de-infância Cósmico* quando entendi que esse conceito reside no âmago da espiritualidade em todas as suas manifestações.

Atualmente, existe um grande movimento nos Estados Unidos de pessoas que estão em busca de espiritualidade fora das religiões organizadas. Hoje em dia, a espiritualidade é um caleidoscópio de esperanças e percepções. Mas se existe alguma ligação entre as inúmeras variedades é a crença em um universo de conexão, significado e esperança.

Geralmente essa crença é muito vaga para promover uma sustentação suficiente, mas a idéia do *Jardim-de-infância Cósmico* explica isso claramente. Tudo o que nos acontece ganha significado a partir das formas específicas como está ligado a nosso crescimento pessoal. Portanto, nunca estamos perdidos – estamos sempre em processo de nos encontrar.

Embora as religiões não expressem claramente, o *Jardim-de-infância Cósmico* é um *insight* que as grandes religiões do mundo alcançaram. Mesmo com as diferenças entre elas, hindus e judeus, batistas e budistas, metodistas e muçulmanos, católicos e congregacionistas, todas vêem o universo como um instrumento para nos ajudar a crescer, para nos ajudar a nos tornar mais autênticos e melhores, e, ao mesmo tempo, obter o que precisamos para a nossa vida funcionar melhor.

Atualmente, os cristãos não aprovam tanto a antiga idéia de providência – a visão de Deus como mestre de marionetes. O que os cristãos pregam é uma visão de um mundo repleto de oportunidades para a manifestação da graça divina. E, então, algo ruim sucede. Deus não fez com que isso acontecesse, mas aconteceu e pronto! Lá estamos nós, magoados e feridos. Até que a graça de Deus se manifesta e algum tipo de cura ocorre. Como disse Paulo em sua carta aos Romanos, 8:28: "Sabemos que em tudo Deus age pelo bem de todas as coisas." A leitura de algumas das histórias maravilhosas de Flannery O'Connor ilustra isso.

Mas, em geral, a graça vai além do fato de que a dor passa casualmente. Na melhor das circunstâncias, a graça toma a forma de lições e oportunidades. E essas são apenas as dez razões que descobri para o que se passa conosco. Lá está você, sofrendo, e Deus aparece e lhe dá uma virtude Dele, uma virtude que o ajuda a crescer.

E mais: uma virtude que o ajuda a crescer tornando-se quem você realmente é, de forma mais autêntica, um ser melhor. O arcebispo de Canterbury, Rowan Williams, explica: "O ato da criação pode ser visto como algo bem simples: a vocação das coisas para serem o que são. E falar de Deus como seu Criador significa reconhecer, a cada momento, que é o desejo Dele que você seja a pessoa que é. (...) O Espírito Santo nos convida a ser mais nós mesmos, não menos – ensina Pedro a ser mais Pedro, João a ser mais João." E este chamado se dá com um poder especial nas oportunidades de graça contidas nas dificuldades que enfrentamos.

E os judeus? Observe a Bíblia. No Velho Testamento, Deus é muitas coisas, mas é, predominantemente, um professor. Às vezes, é claro, ele é um professor que fica tão bravo e desgostoso que cria um dilúvio de 40 dias e 40 noites. Mas todos nós tivemos professores na escola que ficavam facilmente irritados, o que não quer dizer que não quisessem o melhor para nós.

Um exemplo disso é o Livro de Isaías, 57: "Por causa da indignidade de sua cobiça, eu me indignei e feri o povo; escondi a face, e indignei-me; mas, rebeldes, seguiram eles o caminho de sua escolha, mas eu os *curarei*." Seja ele bravo ou misericordioso, tudo o que Deus faz é para nos ensinar a lição que precisamos aprender. Quando Ele diz que vai nos "curar", temos de entender "nos ensinar e nos ajudar".

Na verdade, todo o Velho Testamento está organizado em torno do conceito de Deus nos ensinando por meio dos acontecimentos. Não só Deus tenta ensinar, mas a Bíblia é um instrumento de ensinamento. *Rabino* é apenas uma palavra para professor. Deus é um professor, e a história, a nossa história, é o compêndio.

Existem atualmente várias tradições que exercem enorme influência sobre a espiritualidade dos americanos. Estou falando, é claro, das tradições religiosas da Índia, principalmente o hinduísmo e o budismo.

Por milhares de anos, o hinduísmo vem considerando a vida como uma sala de aula. Em vez de dizer que você nasce, vive, morre, o hinduísmo diz que você nasce, aprende e renasce – esta é a idéia do *samsara*. Tudo o que você faz, pensa e sente gera conseqüências, ou *karma*. A alma aprende com isso e evolui, ou não consegue aprender e repete o ano (como um pobre aluno na escola!), até aprender. É óbvio que, no âmago da tradição hindu, encontra-se o guru, a pessoa que transforma a escuridão (*gu*) em luz (*ru*). O guru é, em outras palavras, um professor.

O budismo também enfatiza as lições que são necessárias para nós à medida que nos deparamos com os acontecimentos deste mundo. Na verdade, para o budismo, o aprendizado é a chave para aquilo que a alma requer para evoluir. Toda a existência está ligada pela *pratityasamutpada* – a corrente de 12 elos da causalidade. E o primeiro elo nessa corrente é a ignorância. A ignorância inicia a corrente que liga a alma ao ciclo de renascimento e sofrimento. Somente quando a ignorância é superada (aprendendo o que os eventos têm a nos ensinar!) podemos nos liberar de reiniciar o ciclo e assim, finalmente, atingir o nirvana.

Você pode ter uma religião diferente das que mencionei. Pense sobre como sua religião apresenta uma visão da vida como um lugar de aprendizado, com a ajuda de Deus.

E eu? Como poderia *eu* ser capaz de aceitar a possibilidade de que Deus estava exercendo um papel direto no *Jardim-de-infância Cósmico*? Vou explicar como finalmente compreendi isso. Eu poderia aceitar a existência de algum Poder Superior por trás do *Jardim-de-infância Cósmico* se isso fosse coerente com o que sei sobre o funcionamento da natureza.

O fato de que podemos conhecer a natureza é uma grande dádiva para nós. No fundo, é uma dádiva de liberdade: somos livres para entender e agir neste mundo, para criar objetos novos, possibilidades novas. Não estamos totalmente paralisados como estaríamos pela imprevisibilidade de um universo desconhecido. Imagine que, se você deixasse cair uma maçã, às vezes ela caísse no chão, outras, voltasse para cima! Você nunca seria capaz de entender como construir um foguete.

Pode-se conhecer a natureza porque ela funciona de acordo com regras da física. Você poderia pensar que essas regras excluem a presença de Deus. Ou Deus atua dentro dessas regras e não tem nenhuma liberdade, ou Ele viola as regras da natureza e acaba nossa liberdade, condenando-nos a viver em um mundo imprevisível. Portanto, seria impossível um mundo descrito pelas leis da natureza e que fosse também um mundo no qual Deus é livre para agir.

Mas eis o que os físicos me explicaram (e eu agradeço a paciência que tiveram com uma pessoa leiga em física como eu). Deus tem liberdade para agir em Seu universo organizado por regras. As leis da física não abrangem tudo. O universo contém infinitas oportunidades para resultados aleatórios, e foi aí que Deus criou sua própria oportunidade para estender a Sua mão que ensina e cura.

Algumas dessas oportunidades para a liberdade de Deus existem no nível subatômico. A teoria quântica nos ensinou que só o que podemos conhecer sobre os eventos subatômicos são as probabilidades. Dessa forma, não é possível prever qual será a exata posição e direção de um elétron, por exemplo, ou seja, não é possível conhecer o resultado antecipadamente quando rolarem os dados. Somente Deus pode determinar o que realmente acontece de acordo com as probabilidades.

No nível macro, existem mais oportunidades para a liberdade de Deus. De acordo com a teoria do caos, pequenas mudanças iniciais podem ter resultados indefinidos nos sistemas grandes e complexos, como o vôo de uma borboleta, um ciclone ou uma supernova, assim como aparecer naquele evento que você havia planejado não ir pode fazer com que você consiga uma dica que o levará a um emprego novo. Neste caso, Deus também tem a liberdade de estender Sua mão sem quebrar Suas próprias leis.

Resultado: Temos um universo governado por regras e que está cheio de aberturas para a manifestação divina sem que Deus tenha de violar as leis que Ele mesmo criou.

O universo ainda faz sentido. Ainda somos livres para agir. E Deus também é livre para agir. Um *Jardim-de-infância Cósmico* com a presença de Deus agora faz sentido.

Um olhar adiante

Cada um dos próximos dez capítulos discute uma das dez razões possíveis para os acontecimentos. Cada uma aponta para os meios como o *Jardim-de-infância Cósmico* preparou uma experiência de aprendizado especialmente para você.

Nenhuma delas é mais importante do que a outra. E lembre-se: pode haver mais de uma razão para explicar um evento em *sua* vida. O que importa é que você obtenha o necessário para se tornar quem você realmente é: um ser melhor.

Você conhecerá as histórias de pessoas que lutaram com as mesmas questões que você. Mas a história mais importante para você, é claro, é a sua. Ao final, terá descoberto as razões para o que ocorre com você.

Parte 2

As dez razões

Esquilos no deserto

RAZÃO 1: PARA AJUDÁ-LO A SE SENTIR À VONTADE NO MUNDO

Sentir-se à vontade no mundo é como sentir-se bem na casa onde você vive. Suponha que você tenha acabado de se mudar para uma casa nova. O lugar é ótimo, mas parece um tanto frio e estranho. Em seguida, você monta tudo: traz os móveis que combinam com você, arruma-os de acordo com seu estilo de vida, acrescenta algumas peças antigas e imediatamente percebe que tudo parece mais familiar. E, um belo dia, você se sente em casa.

Sentir-se à vontade no mundo acontece do mesmo modo, e é muito mais importante. O problema é que você não pode rearrumar o mundo para satisfazer seu gosto. Tudo o que você pode fazer é encontrar um lugar no mundo que seja um lar para você. Isso inclui as amizades, o trabalho, o tipo de comunidade em que você vive, as formas de expressar suas crenças e sua criatividade. Quando você encontrar algo assim, se encontrar, será maravilhoso.

Algumas pessoas declararam: "Agora, tudo está bem em minha vida", "Sinto que sou dono de mim", "Pela primeira vez, sinto-me eu mesmo", "Finalmente, sinto-me livre", "Sei o que quero e sei o que posso ter", "Tenho autoconfiança para cuidar de mim".

Mas nem sempre é fácil encontrar um lar no mundo. Muitos de nós tivemos experiências como as que descrevo a seguir: você começa um novo relacionamento. Certamente, a outra pessoa parece boa, uma pessoa ótima, amiga. Vocês vão se dar muito bem juntos. Só que as coisas não parecem muito certas. Você não se sente à vontade com essa pessoa.

O mesmo ocorre quando você não se sente à vontade no mundo. Mesmo que tudo esteja perfeito, não está perfeito *para você*. Sua vida pode parecer ótima, mas você não sente que pertence totalmente a esse mundo. Isso não quer dizer que você se sinta um estranho. Não significa que você não se sinta à vontade de *jeito algum*. O fato é que você é uma daquelas pessoas que ainda não encontrou uma vida completamente boa. De uma forma ou de outra, você não se sente bem. Você pode esconder bem esse sentimento de qualquer pessoa, mas é difícil esconder de si mesmo.

E quando uma pessoa não se sente à vontade no mundo, ela imagina que existe uma carreira diferente que seria adequada para ela, uma outra pessoa com quem ela poderia se relacionar, algum outro lugar melhor onde pudesse morar. Mas você não sabe o que está faltando e o que fazer para conseguir o que quer.

Nada é mais importante e mais sutil do que se sentir bem no mundo. É como ser capaz de respirar. Ninguém fica fazendo piruetas porque acordou e é capaz de respirar, pois sequer percebemos isso, na maior parte do tempo. Mas, certamente, você perceberia se não conseguisse respirar. Da mesma forma, algumas pessoas só percebem o que significa se sentir bem no mundo quando se perdem dele, quando ocorre algo que as afasta do que lhes parece familiar e adequado.

Quando não nos sentimos bem no mundo, precisamos de ajuda, e o *Jardim-de-infância Cósmico*, se pararmos para prestar atenção, foi feito para nos dar exatamente a ajuda necessária. Geralmente, o que precisamos para nos trazer para casa é uma onda forte.

Provando o vinho da vida

Vou compartilhar com você uma carta maravilhosa que recebi de minha linda amiga Julie pouco depois de sua morte. Ainda posso ver aqueles enormes olhos castanhos e acolhedores me olhando tão cheios de esperança, mesmo perto do fim.

Julie era pintora. Eu perambulava em uma galeria da rua Newbury, em uma chuvosa manhã de sábado. As cores vivas, brilhantes e quentes, basicamente primárias, de suas paisagens imediatamente me arrebataram. Sabia que alguém que pintasse daquele jeito seria uma pessoa cheia de luz. Naquela manhã, por acaso, Julie estava lá e começamos a conversar. À medida que a conhecia, descobria que ela era tão colorida e amiga quanto seus quadros.

Infelizmente, Julie tinha uma problema renal crônico. Dois anos depois, ela desenvolveu uma falência renal em estágio terminal e não resistiu.

Você se pergunta se é possível entender que tudo tenha uma razão de ser, *não importa o quê*. Por exemplo, alguém poderia dizer que tudo tem uma explicação e a *razão pela qual estou morrendo é...*?

É isso o que diz a carta de Julie. Em minha experiência, aquele que tem tempo para se acostumar ao fato consegue encontrar sentido para a própria morte. E se você consegue encontrar um significado para isso, pode fazê-lo em relação a tudo mais.

Minha querida amiga Mira,

Se você estiver lendo estas palavras, quero que saiba que estou feliz. Morta, mas feliz. (Risos.) Não sei se alguém que não tenha passado por essa experiência pode entender isso. É claro que você não quer ficar doente e, quando descobre, não quer morrer. Mas, em algum momento, você piora e aí percebe que a morte pode ser um bocado útil. É bom quando o corpo se exaure. Agora, eu quase chego a pensar na morte como minha amiga.

Encontrei a paz há pouco tempo. A princípio, eu realmente, mas realmente mesmo, não queria morrer. Mas, quando passei a aceitar o fato de que isso iria acontecer, na verdade vivi um período ótimo. O modo como me sentia era extremamente desagradável, portanto, por que eu deveria tornar tudo pior do que tem de ser? Realmente, por que sofrer mais do que você tem de sofrer?

Tudo isso me deu uma oportunidade que muitos de nós nunca tivemos: olhar a vida e saboreá-la, como se bebericasse um vinho numa sessão de degustação de vinhos. Toda aquela expectativa do futuro se foi. Você percebe quanto tempo de sua vida você passou tentando chegar a algum lugar sem parar para, de fato, estar em algum lugar. Bem, eu não estava chegando mais a lugar algum. Foi isso.

Bem, agora vamos ao que interessa. É isso o que quero que você saiba. Ei, estou saindo do túmulo para lhe dizer isso. (Este é o tipo de imagem de terror, mas quantas vezes você já a utilizou?) Sabe, jamais me senti em tanta harmonia assim com a vida. Na maior parte do tempo, eu simplesmente não entendia o que estava acontecendo. Sempre me senti como algo que não se encaixava.

Depois me lembrei daquele tempo em que eu chorava e lamentava: Ó, Deus, não quero morrer, por que isso está acontecendo comigo? *E aí aconteceu. Eu percebi que aquele terrível lamento que eu sentia era, na verdade, um presente maravilhoso. Uau! Eu estava triste por ter de dizer adeus à vida – isso é algo grandioso! Significa que minha vida foi boa. Significa que minha vida era minha casa.*

É um paradoxo. De certa forma, morrer me proporcionou a dádiva de ver que eu tivera uma vida boa. Eu amei a vida e ela me fez feliz. Minha morte me deu a vida.

Para sempre, com amor,
Julie

Durante muito tempo, Julie foi uma grande inspiração para mim. Perdê-la foi muito difícil, mas que presente ela me deu quando morreu! Ela concordou com meu sentimento de que muito mais pessoas do que podemos imaginar lutam para encontrar uma forma de se sentir à vontade no mundo. Julie me mostrou que uma pessoa pode descobrir um significado positivo em absolutamente tudo o que acontece. Julie encontrou significado na morte, vendo como a morte lhe deu uma forma de se sentir bem no mundo.

Almas inquietas e outras pessoas especiais

Apresento a seguir uma forma de saber, com certeza, se isso se aplica a você. Responda às seguintes perguntas para ter um diagnóstico:

- Você se considera uma alma inquieta?
- Nos tempos de escola, você tinha dificuldade de se adaptar?
- Você tem algum segredo, alguma parte de si mesmo que não se sente à vontade para mostrar a ninguém?
- Quando você encontra pessoas que parecem realmente pertencer a algum lugar – pessoas que vivem em cidades pequenas, ou pessoas oriundas de uma família bem unida –, você sente inveja delas?
- Você sente que está em busca de algo na vida há muito tempo, mas não tem muita certeza do que está procurando?

Se você respondeu "sim" a três ou mais dessas perguntas, pode estar certo de que as experiências por que passou foram para ajudá-lo a se sentir mais à vontade no mundo. Talvez tenha sido para ajudá-lo a entender sua escolha de vida. Ou para lhe mostrar um modo novo ou melhor de viver.

Se isso se aplica a você, parabéns. Esta é uma questão difícil para muitas pessoas. Por trás dos muitos rostos sorridentes e confiantes que você vê todos os dias, existe uma vontade insatisfeita de se sentir em casa. Mas você recebeu uma dádiva que teve como objetivo trazê-lo de volta para casa. Você está melhor do que pensa.

Quando você pára para pensar, a idéia de algum grande episódio em sua vida que o ajude a se sentir bem no mundo parece estranha. Os acontecimentos da vida que nos deixam ansiosos para descobrir o que significam geralmente são algum tipo de desordem. Eles nos arrancam do nosso lugar na vida e nos arrastam a um novo lugar, onde não queremos estar. Portanto, como um acontecimento que o impulsiona para um caminho novo pode ajudá-lo a se sentir mais à vontade no mundo?

Uma maré pode trazê-lo para casa quando sua casa anterior era uma armadilha. Existe uma linha tênue entre uma casa e uma armadilha. Pense nos relacionamentos. Para o seu coração, um bom relacionamento pode facilmente se assemelhar à sua casa. Mas o que dizer de um relacionamento quase intolerável em que a conveniência e a inércia o obrigam a ignorar as dezenas de maneiras de você e seu parceiro não se entenderem? Trata-se de uma armadilha. Não porque seja terrível, mas porque não é tão terrível a ponto de motivá-lo a agir.

Nossa vida está cheia de armadilhas, como, por exemplo, um emprego que não é bom o suficiente; uma carreira que você escolhe porque é segura e você tem medo da carreira de seus sonhos porque é muito arriscada; um apartamento barato e que não é onde você gostaria de morar, mas você está lá porque dá muito trabalho mudar.

Muitas vezes, essas armadilhas são criadas por nós mesmos. Não acreditamos em nós, não nos conhecemos. É como se estivéssemos colados no lugar onde estamos e foi preciso usar cola exatamente porque não há um encaixe perfeito. E aí é necessário dinamite para arrebentar esse tipo de cola.

Talvez você já tenha sobrevivido à explosão.

Então, minha casa é assim...

Para algumas pessoas, como Julie, o objetivo de um acontecimento na vida é mostrar que elas estão mais à vontade no mundo do que imaginavam. Entender por que algo lhes acontece significa descobrir uma carência antes desconhecida.

Vamos a outro exemplo. Zoe, 22 anos, tinha um acentuado e eclético gosto para moda e comprava todas as suas roupas em butiques de roupas de alta qualidade. Os cabelos dela eram negros e curtos, usava óculos estreitos e negros e um batom vermelho vivo. Uma mistura de Cyndi Lauper e Janeane Garofalo.

Aos 13 anos, Zoe perdera os pais num acidente de carro:
— Nunca conseguirei explicar o que senti quando me disseram que meu pai e minha mãe estavam mortos. Era como se simplesmente eu não pudesse mais respirar. — Zoe tinha me procurado especialmente para descobrir algum sentido para o fato de ser órfã. — Eu não tinha irmãos ou irmãs. Mas a questão não era apenas o fato de eu ter perdido meus pais. A outra parte negativa era ter de viver com minha avó. Sei que ela fazia o melhor que podia, mas ela não me queria e não tinha nada a me oferecer. Sei que existem coisas que você tem de receber de seus pais e que eu não recebi: conversar com eles, fazer perguntas, aprender como agir em determinadas situações, como, por exemplo, lidar com outras meninas ou meninos — eu precisava disso quando tinha 13 anos. Algumas pessoas acham que eu ainda preciso! Minha mãe era muito bonita. Eu queria que ela me ensinasse como fazer uma maquiagem ou que tipo de roupa usar. Eu precisava que meu pai me dissesse como eu era bonita. É como se eu estivesse *despreparada*. É assim que me sinto, despreparada. Eu simplesmente não consigo aceitar que uma coisa dessas aconteça sem razão. Eu sei que existe uma explicação, só não sei qual é, não sei por que eu perdi tudo isso. Não quero continuar a viver sentindo que tenho todas essas perdas. É como se eu nunca fosse *superar*.

Zoe falou tudo isso de uma só vez, de um jeito rápido, frio e direto. Fez uma pausa:

— A propósito, estou entrando para a faculdade em setembro. Estou estudando a história dos negros e vou me dedicar ao estudo do período escravista, focando nas narrativas dos escravos. Existem muitas coisas que faltam na vida dessas pessoas e no nosso entendimento sobre suas vidas. Acho que tenho uma certa atração por assuntos em que faltam pedaços.

— Deixe-me lhe fazer uma pergunta — eu disse. — Você se definiria como uma alma inquieta?

— Não sei – respondeu Zoe. – Sempre me senti como alguém que não consegue se adaptar. Aonde quer que eu vá, é como se eu estivesse olhando as situações pelo lado errado de um telescópio, e sinto que as pessoas estão me vendo dessa forma também. Mesmo estudando a história dos negros... É o que quero fazer e é o que amo. Mas eu não sinto que tenha o mesmo nível de interesse de outras pessoas. É como se eu estivesse procurando por algo diferente daquilo que elas estão vendo e eu ainda não sei o que é. Portanto, acho... bem... Toda essa busca por algo diferente; é claro que sou uma alma inquieta. Estou sempre pensando em fazer algo novo ou pegar um caminho diferente. Nenhum lugar me parece o lugar certo. É como sentar numa dessas cadeiras em que você nunca se sente confortável e fica mudando de posição. É assim que eu acho que me sinto na vida.

Mas achei que Zoe poderia estar mais à vontade no mundo do que ela pensava:

— Como você acha que seria sua vida se seus pais não tivessem morrido?

— Meu Deus, eu costumava sonhar tanto com isso: como tudo teria sido perfeito – disse Zoe.

Depois, ela fez uma pausa e suspirou:

— Olha, eles realmente eram bons pais, eles me amavam de verdade, mas também eram muito convencionais. E eu era uma criança levada. Eu tinha muita energia e corria para todos os lados sem parar. A imagem que eu fazia de meus pais é que eles estavam tentando conter minha energia para o meu próprio bem. Acho que, quando eu me tornasse adolescente, teria me rebelado contra tudo.

— Em vez disso, quando você tinha 13 anos, teve de achar o próprio caminho, mas talvez você esteja menos perdida do que imagina. Talvez você se sinta exatamente do jeito que deveria se sentir quando se está procurando o próprio caminho. Quero dizer que você pode encontrar uma explicação para a morte de seus pais. Isso lhe deu oportunidade de encontrar seu caminho mais cedo, com mais liberdade; de encontrar seu lugar no mundo, à sua maneira. Você ainda está buscando, mas a busca é o seu propósito. E o melhor de tudo: sua finalidade neste mundo é especial. Você não é o tipo de pessoa que pode simplesmente fracassar. Você precisava de todo o tempo e toda a liberdade possível para continuar ocupada com a busca. Vou lhe fazer uma pergunta: você disse que se sente como algo que não se encaixa; você já parou para pensar que, se encontrasse seu propósito, ele seria um clichê?

– Isso era algo que eu sabia – respondeu ela. – Que fosse qual fosse o meu propósito, ele não seria um clichê.

– A morte de seus pais não foi uma catástrofe qualquer. Você perdeu algo valioso. Mas acabou ganhando algo de que precisava de uma forma especial. Para uma alma inquieta, você é extremamente bem estruturada. É provável que você esteja muito mais à vontade no mundo do que muitas pessoas de sua idade. Você sabe que quer estudar a história dos negros. Você sabe que quer se dedicar a catar os cacos perdidos nas vidas dos afro-americanos e suas heranças. Você tem até seu próprio estilo de moda.

Zoe ficou radiante, como alguém que tivesse acabado de receber dois presentes maravilhosos. E tinha mesmo. Ela percebeu que estava mais à vontade no mundo do que imaginava. Ela descobriu que ter recebido esse sentimento de carência lhe mostrou um significado para a morte de seus pais.

A história de Zoe nos ensina algo muito importante sobre o que significa para alguns de nós nos sentirmos à vontade no mundo: sentir-se em casa nem sempre é o que achamos que seria. Alguns de nós somos almas inquietas. Outros, excêntricos – não fomos moldados por uma forma de biscoito. Incansáveis, estranhos... Logo, nosso propósito pode ser difícil de reconhecer, e deve ter mais a ver com um processo do que com um lugar, mais a ver com a estrada do que com o destino.

No entanto, não se engane a respeito de uma coisa: Zoe encontrou o significado para o que havia acontecido *dentro de si mesma*, não no evento propriamente dito. Nem todo mundo que perde os pais aos 13 anos de idade se lança na busca de um jeito de se sentir bem no mundo. Mas Zoe se lançou. O que a fez lutar para se sentir bem no mundo não foi o fato de ser órfã, mas o de trazer dentro de si aquela qualidade de ser inquieta, forte, uma pessoa difícil de se dobrar. Uma tragédia terrível tinha um significado para Zoe porque lhe dava mais liberdade para pôr fim a essa luta do seu próprio jeito.

Tudo isso é bobagem!

Zoe teve sorte. Muitas pessoas ainda não encontraram seu propósito. Para elas, o significado dos acontecimentos serve para lhes mostrar o caminho de volta para casa. E isso é uma coisa de que elas precisam muito.

Quando você não se sente à vontade no mundo, fica achando que alguma coisa está errada com você e que também há algo de errado no mundo. Então, vou lhe dar uma boa notícia: está tudo bem com você. O mundo também está bem. Você é apenas uma pessoa que está no lugar errado, como um esquilo no deserto. Eu explico.

Já ouvi algumas pessoas usarem o termo ratos de árvore, mas eu adoro esquilos. Moro numa casa grande e antiga, construída sobre um terreno em declive que é rodeado de árvores de todos os tipos. Meu quarto fica no alto, numa altura que corresponde a quatro andares, e eu costumo dormir com os esquilos nas árvores. Todos os dias, eu os observo levando a vida de esquilo, brincando, comendo, correndo de um lado para o outro, catando nozes e, às vezes, no meio de uma tarde quente de verão, tirando um cochilo esparramados sobre um galho.

Todos os dias, observo que um esquilo se sente perfeitamente à vontade num mundo de árvores. Mas imagine retirar aquele esquilo dali e atirá-lo no meio de um deserto. Imediatamente, esse animal maravilhoso ficaria deprimido, ansioso, confuso, completamente perdido. Existem muitos animais que vivem no deserto, mas não é o caso do esquilo.

Não existe nada de errado com aquele esquilo abatido no deserto. Ele é perfeito. Mas ele só é perfeito quando está em casa, num lugar cheio de árvores. Um esquilo num deserto fica infeliz e não se adapta.

Agora, imagine fazer uma coisa absurda: pegar esse esquilo no deserto e levá-lo ao consultório de um terapeuta para ele se sentir melhor. O próprio esquilo diria que isso é tudo bobagem! Você pode até fazer terapia para esquilo eternamente, mas, enquanto ele estiver num deserto, será infeliz. Mas, se você o levar para um lugar com árvores, ele se sentirá em casa e ficará feliz novamente.

Existem muitas pessoas infelizes porque são esquilos no deserto. Elas acham que há algo de errado com elas. Elas vivem tentando se adaptar, mas essa adaptação não funciona. Mesmo assim, elas continuam tentando porque é difícil assumir a falta de adaptação no mundo. Além disso, seria muito simples se elas pudessem entender que não existe nada de errado com as pessoas que elas são, mas sim com *onde* elas estão. De alguma maneira, de um jeito marcante, elas não se sentem à vontade diante da vida.

Mas elas podem se sentir mais à vontade do que jamais imaginaram. Elas só têm de entender como os eventos à sua volta estão lhes mostrando o caminho de volta para casa. Como é disso que precisam, o universo está fazendo todo o possível para oferecer-lhes.

Vicki estava namorando Peter, um executivo rico e charmoso de Wall Street, que jogava futebol pela Universidade de Yale. Era um romance de conto de fadas. No círculo de amigos, eles tinham a fama de ser um casal perfeito e feliz. Um dia, Peter descobriu que, quando cursava o segundo ano da faculdade, Vicki havia se casado. Ela estava bêbada. O cara era um músico de rock. Aquilo tudo fora uma loucura. Vicki fez de tudo para que o relacionamento desse certo, mas, em poucas semanas, ficou claro que tudo era um grande erro. Eles então se divorciaram. Para Vicki, esse era um dos fatos que não queria comentar porque nunca deveria ter acontecido. Aquilo fora um rompante em sua vida, um erro insignificante da juventude.

Mas Peter se sentiu traído. Para ele, era muito sério. Não se tratava de esquecer de mencionar um namorado do passado. Era um casamento, afinal de contas. Ele não acreditou quando Vicki disse que o cara com quem se casara tinha menos importância do que qualquer um de seus antigos namorados. Para Peter, tratava-se de omitir uma informação importante. Ele não sabia se um dia seria capaz de confiar nela novamente. O fato de ela ser uma pessoa maravilhosa e de eles serem extremamente felizes juntos não o ajudou a esquecer e perdoar. Eles romperam o namoro e Vicki temia ter perdido o amor de sua vida.

O tempo trouxe uma perspectiva totalmente nova desse fato. Em vez de sentir que a perda de Peter era um desastre absoluto, Vicki começou a perceber que havia uma razão muito boa para tudo aquilo acontecer, uma razão muito boa. Ela disse: "O fato de Peter terminar comigo me mostrou o que eu precisava para me sentir à vontade no mundo. Quando superei a crise afetiva, comecei a fazer com que as coisas acontecessem para mim. Viajei muito e comecei a escrever sobre minhas viagens e a fazer publicidade como *freelancer* para roteiros de viagens, hotéis, *resorts* e coisas do gênero. E, então, pude ver os fatos com clareza. Meu destino *não* era me tornar uma dona-de-casa e uma dondoca da sociedade, que era o que acabaria me tornando se me casasse com Peter. Eu precisava ter uma vida de realizações, ações e mudanças. Peter era ótimo, mas me oferecia um casulo. Eu precisava ser uma águia."

Salva pelo gongo!

Enfim, livre

Suponha que suas respostas ao questionário tenham indicado que o significado de algum episódio em sua vida é encontrar seu lugar no mundo. Mas você ainda não sabe que lugar é esse. Como encontrá-lo? Como você verá mais adiante, o episódio cujo significado você está tentando entender irá apontar seu caminho para casa.

Quero lhe pedir algo. Você está por aí, sentindo-se um tanto perdido na vida. Imagine que, perdido como você está, atravesse os rios mais profundos e suba as montanhas mais altas para encontrar a caverna onde reside o maior sábio do mundo. "O que posso fazer para me sentir melhor no mundo?", você pergunta. O sábio lhe informa a próxima direção que você deve tomar na vida, contando-lhe a verdadeira história do episódio cujo sentido você está tentando entender.

– É só isso? – você pergunta. – Como isso me aponta para a direção correta?

– Pense em sua história sob outro ângulo – diz o sábio. – Você tem encarado as coisas como uma perda. Agora, pense nelas como uma libertação. O que aconteceu com você na verdade o libertou. E isso não apenas o libertou da forma antiga. O episódio o libertou de algum peso morto do passado, para que você pudesse encontrar um novo lar que daria vida a alguma parte de você, talvez sua melhor parte.

Esta é exatamente a conclusão de qualquer pessoa que acha que a razão para algum acontecimento consiste em mostrar a ela o caminho de casa.

> *Isso serve para libertar alguma parte das pessoas que nunca viria à tona. Agora elas podiam se libertar totalmente. E esta parte fora liberada bem na direção em que elas poderiam se sentir em casa no mundo.*

Vicki havia perdido Peter e a vida que teria com ele. Mas, quando ela interpretou essa mesma história como uma libertação, imediatamente entendeu para onde a história apontava, longe daquilo que seria um casamento cheio de tédio e limitações e em direção a uma vida em que ela poderia se enriquecer como pessoa.

Essa libertação do eu para que ele possa encontrar seu caminho pode ser em relação a qualquer situação. Talvez você perceba que se sentirá muito mais à vontade no mundo se parar de trabalhar como vendedor e se tornar professor. Ou pode ser o contrário. Talvez o episódio sinalize que você termine seu relacionamento atual ou assuma um novo. Isso pode incluir um comprometimento maior com a sua arte ou com a maneira de ganhar mais dinheiro. Seja lá o que for, tudo tem a ver com levar uma vida mais de acordo com seu próprio jeito.

O *Jardim-de-infância Cósmico* lhe deu o dom da libertação.

Observe o que aconteceu com você.

Descubra como o fato o libertou.

Em seguida, você verá uma seta apontando para o seu propósito correto.

Voltando para a sua casa espiritual

O que lhe aconteceu pode, por exemplo, significar que você se sentirá muito mais à vontade no mundo se abrir seu lado espiritual. Para algumas pessoas, isso significa ser mais devoto, estar mais comprometido com alguma prática religiosa ou espiritual. Mas, para outras, poderia significar ser mais paciente, mais atento, estar mais em contato com o que realmente é importante na vida.

Porém, comum a todos, do jeito que levamos a vida, é a dificuldade de assumirmos uma espiritualidade. É difícil resistir às pressões duras e estressantes de nossa rotina de trabalho. Não é de se estranhar que, freqüentemente, sofremos o choque de uma reviravolta em nossas vidas pessoais para liberar nossa espiritualidade. Depois de um ataque cardíaco ou um acidente de carro, pode ser difícil retornar ao trabalho.

Carol relata o seguinte: "Eu acabara de passar por uma pequena cirurgia. Enquanto me recuperava da operação, lembro-me de que andava vagarosamente pelo corredor do hospital pensando que havia superado a pior parte, quando, de repente, me senti muito fraca e cansada. Era como se minha essência vital estivesse se evaporando. Eu estava certa de que estava morrendo. O que aconteceu é que eu havia desenvolvido um coágulo pós-cirúrgico que quase me levou à morte. Quando finalmente me recuperei, minha família estava aos prantos. Todos achavam que eu iria morrer. 'Por que isso aconteceu comigo?', eu me perguntava.

"Em seguida, comecei a pensar. Depois de uma experiência como essa, você volta a se preocupar com coisas supérfluas como, por exemplo, se as cortinas combinam com o tapete? Eu não conseguia. O que aconteceu comigo me libertou de tudo aquilo. Quando criança, eu era muito religiosa, e, agora, tudo que eu queria era voltar a ser o tipo de pessoa que se preocupa com sua religião. Sou muito grata por ter tido aquele breve contato com a morte.

"Eu gostaria de poder dizer que fiz algo especial de verdade. Mas o que fiz certamente foi especial para mim. Não se trata de ter simplesmente voltado a freqüentar a igreja aos domingos, durante uma hora, apenas. Não, eu assumi um compromisso com a Igreja. Estive afastada durante tanto tempo que não sabia o que isso significava, mas continuei procurando maneiras de me engajar novamente e aí... bem, foi isso que eu fiz. Confesso que passei a imaginar onde isso estava escondido durante toda a minha vida. Minha vida era ótima, mas agora eu me sentia realmente bem. Eu tinha uma sensação de estar comigo mesma que não se manifestava em mim desde a infância."

Um conto de glórias

Não foi por acaso que Carol falou em *voltar* a refletir sobre Deus e sobre sua religião do jeito que fazia quando era criança. Uma dica valiosa é: se você realmente não souber onde é o seu lar, então pense em si mesmo como tendo deixado sua casa há muito tempo. Para você, o lar é o lugar que você deixou. É algo do passado, talvez pertencente à sua infância, época em que todos temos os mais profundos sentimentos de estar em casa. Seja o que for que tenha acontecido com você, isso o liberou de algo, para que você pudesse *voltar* para casa.

Aqui vai outra dica valiosa para entender como aquilo que lhe aconteceu contém as pistas para encontrar seu caminho para casa. Complete a seguinte frase: "Está faltando alguma coisa em minha vida que faria toda a diferença para eu me sentir bem no mundo e essa coisa é..." Agora, pense naquilo que você acabou de dizer que está faltando e pense em como o episódio que lhe ocorreu pode lhe dar a oportunidade de conseguir isso.

Nesse caso, também, descobri que as pessoas sempre chegavam à conclusão de que só conseguiram obter o que era necessário ao seu bem-estar por meio da situação difícil que atravessavam. Pense, por exemplo, nos grandes mestres espirituais ao longo da história. Para a maioria deles, a jornada começou quando alguma calamidade os atirou na escuridão da alma e os liberou para que pudessem encontrar o que faltava.

Veja o exemplo do irmão Lawrence, autor do grande clássico espiritual *Praticando a presença de Deus* (Danprewman, 2003). Sua história de infortúnios foi o único caminho para o que veio a se tornar sua história de glórias. Isso se deve ao sentimento que ele tinha de estar bem no mundo, de um jeito que talvez poucas pessoas tinham.

Nascido em 1614, o irmão Lawrence se tornou soldado aos 18 anos, serviu na Guerra dos Trinta Anos, foi capturado, acusado de ser espião e quase levado à forca, mas acabou sendo libertado. De volta à ação, ele testemunhou muitas atrocidades e foi ferido em combate. Após o serviço militar, ele se tornou servente, mas não foi aproveitado na função porque era muito desajeitado. Em seguida, tornou-se aprendiz, o nível mais baixo da escala religiosa da Ordem dos Carmelitas. Ele trabalhava na cozinha, mas, quando pegou a dolorosa doença da gota, foi obrigado a trabalhar no isolamento da oficina de conserto de sapatos.

Ele foi ao fundo do poço e estava completamente só. Mas estava só com Deus. E isso, sem que ele percebesse, era o abrigo que sua vida finalmente o permitia encontrar. Sozinho com Deus na base da escalada religiosa, não havia nada mais a fazer a não ser conversar com Ele. Foi lá que ele desenvolveu sua incrível habilidade de viver intimamente na presença de Deus por meio das constantes conversas que mantinha com Ele. O livro que escreveu sobre estar com Deus é um clássico há mais de 300 anos.

Vicki, Carol e irmão Lawrence foram esquilos no deserto, perfeitos a seu modo, mas perdidos e confusos a outro. Logo, como acontece no *Jardim-de-infância Cósmico*, eles passaram por algumas situações difíceis que os libertaram de um jeito que os levou de volta a si mesmos.

O jogo da confiança

Existe outra maneira de pensar sobre sentir-se acolhido no mundo. Trata-se de um tipo profundo de confidência interior: não *onde* você está no mundo, mas como você se sente nele.

Um exemplo: se você é filho ou neto de pessoas famosas e se torna um importante comandante da Marinha, é fácil se sentir um pouco privilegiado por ser quem você é e pelo que pode fazer. Você é um menino de ouro. Esta era a posição do senador John McCain quando foi capturado em combate no Vietnã do Norte, ainda jovem.

Ele passou cinco anos e meio como prisioneiro de guerra, sendo dois em confinamento solitário. Foi torturado. Além disso, sofreu a tortura psicológica de receber a oferta de ser libertado antes do prazo em função da posição de sua família – mas ele sabia que não podia aceitar aquela oferta. Qual é o significado de uma provação como aquela para uma pessoa como McCain?

A vida lhe deu um teste que ele não estava preparado para enfrentar. E ele passou de forma íntegra. Ele permaneceu lá. Ele nunca fez nada de que pudesse se envergonhar. Ele sobreviveu e ajudou seus companheiros de prisão. Tudo isso foi uma oportunidade de McCain transformar aprendizado em profunda autoconfiança que só pode ser conquistada quando você percebe que foi capaz de fazer.

McCain mostrou que se sentir integrado no mundo significa, em grande parte, sentir-se extremamente autoconfiante. O que vemos no exemplo dele é muito freqüente. Podemos superar uma fase difícil, mas somente lidando com essas dificuldades desenvolvemos um novo nível de segurança e confiança em nós mesmos e, como resultado *disso*, desenvolvemos uma sensação muito maior de estar integrado ao mundo.

Isso acontece com muitas pessoas que nem sequer se dão conta. Não atentamos para isso porque não entendemos bem como a confiança realmente funciona em termos psicológicos. Não é o tipo de coisa que você pensa.

Suponha que você não esteja confiante de que será capaz de fazer uma palestra ou receber convidados para um jantar. Isso significa que você desconfia que o que realiza a respeito da atividade não será o suficiente e que o evento será um desastre. Então, naturalmente, você vai desejar aquilo que não tem: um estado interior em que se sinta totalmente capaz de ser bem-sucedido, sabendo que fará uma palestra brilhante, ou imaginando que será muito elogiado por ser um perfeito anfitrião.

Mas isso não é o que realmente parece acontecer em relação a uma pessoa confiante. Lembre-se: confiança só tem significado quando se trata de uma tarefa difícil. Se a tarefa for fácil – fazer torradas, por exemplo –, você sequer usaria a palavra *confiante*. Pareceria estranho dizer: "Estou muito confiante de que serei capaz de torrar esta fatia de pão." Se a tarefa é fácil, você simplesmente a executa sem pensar.

Mas o mundo interior das pessoas confiantes *realmente* é como se elas se deparassem com tarefas difíceis. Elas não pensam: "Serei bem-sucedida." Elas pensam: "Aceito o que faço em relação a esta situação. Não serei perfeito. Posso encontrar dificuldades. Mas, o que quer que aconteça, encontrarei um jeito de lidar com isso. Continuarei me esforçando até conseguir uma solução razoável para as situações. Não vou me preocupar com o que não posso controlar. Estarei bem, aconteça o que acontecer."

Logo, quando surgem situações difíceis, a confiança tem tudo a ver com se sentir em casa. No cerne da confiança, está a descontração, não a arrogância.

Olhem e verão

No final de tudo, o *Jardim-de-infância Cósmico* é apenas isso – um jardim-de-infância. As dádivas que recebemos são simples, desde que sejamos capazes de reconhecê-las. As lições que parecem tão difíceis quando estamos aprendendo parecem muito fáceis quando entendemos do que se trata. Pelo menos é como a maioria das pessoas descreve a situação. Se o objetivo do episódio é lhe mostrar que existe um meio de se sentir mais à vontade no mundo, mas você ainda não tem certeza sobre o que isso significa exatamente, então eu lhe imploro que simplesmente olhe. Seja paciente. Continue olhando. Você escreveu a história com a sua vida. Se você analisá-la, entenderá a mensagem que o cosmos vem mandando para você. Se, a princípio, ela não estiver clara, logo estará, se você continuar analisando.

Eis dois exemplos disso:

Meu irmão foi uma criança refugiada, assim como eu, é claro. Quando chegamos à América, ele tinha oito anos, e eu, quatro. Foi mais difícil para ele. Como ele era mais velho, levou mais tempo para aprender o inglês. Ele era uma criança pequena e franzina que teve de aprender como sobreviver em nossa difícil comunidade. Além disso, ele era muito doente.

O que ele podia fazer? Desenvolver força interior. Isso funcionou durante a fase de crescimento nas ruas de Nova York. Ele entrou para o Exército e, quando retornou, tornou-se excelente artesão e eficiente homem de negócios.

Mas ele ainda precisava encontrar uma forma de se sentir à vontade no mundo.

Em seguida, seu primeiro filho nasceu com problemas de saúde, sofreu e faleceu. Foi uma perda terrível, mas o universo é um lugar onde tudo tem uma razão para acontecer. Demorou um pouco, mas ele finalmente atingiu um ponto em que percebeu que havia alguma redenção em sua perda. Ele narrou o fato da seguinte maneira:

> *Sabe, quando meu filho nasceu com tantos problemas graves, passei meses indo ao hospital, antes de ele morrer. Naquela unidade especial, via todos os outros bebês com doenças graves também e os pais que estavam passando pela mesma situação que eu. E eu não dava a mínima para eles. Minha atitude era: "Vocês têm os seus problemas, eu tenho os meus." Mas, depois que meu filho morreu, era simplesmente insuportável pensar que a vida e a morte dele não tivessem nenhum significado. Talvez houvesse um motivo. Talvez ele tenha nascido para me ensinar algo. Eu não tinha nenhuma resposta, mas continuava buscando. Então, um dia, o rapaz que trabalhava para mim me falou sobre sua irmã que tinha câncer e me disse: "Por que ela tem de sofrer desse jeito?" Estas eram as mesmas palavras que eu dissera sobre meu filho! De alguma forma, eu me dei conta de que aquele cara era eu. Éramos a mesma pessoa. Não havia nenhuma razão para eu pensar sobre ele de maneira diferente da que pensava sobre mim mesmo. De repente, parecia que todas as pessoas do mundo eram meus irmãos. Não sei como explicar. Pude perceber que todas as pessoas estão sempre entrando em uma situação difícil ou dela saindo. Sempre que você olha para o rosto de alguém, está se olhando num espelho.*

Portanto, esse é o significado que meu irmão encontrou. Foi horrível mostrar a ele, mas, com isso, ele pôde se libertar da atitude dura e fechada e perceber que se sentia à vontade no mundo, de um jeito que nunca imaginara. A sensação que ele tinha de que o mundo estava cheio de rostos estranhos falando tolices em línguas desconhecidas – do jeito que ele via o mundo quando era criança – foi transformada numa sensação de que, nos aspectos mais importantes da vida, todas as pessoas eram como ele.

Meu irmão é aparentemente bem diferente de Cassandra, uma jovem independente, de família muito rica. Ela estava viajando com os amigos pela América Central em busca de diversão e aventura. Ela se envolveu com más companhias e acabou presa por fazer parte de um grupo de atividade antigovernista e de incitação à rebelião. Cassandra ficou presa durante alguns meses, sem saber se um dia seria libertada.

Ela não era uma pessoa de briga. Estava na pior situação em que alguém poderia estar, por assim dizer, então, é claro que resistia à idéia de que poderia existir algo de importante no fato de ter sido jogada numa prisão de mulheres na América Central. Mas, de repente, como se acendesse uma lâmpada fluorescente, ela entendeu o significado de tudo. Ela também teve sorte porque poderia nunca ter entendido aquela situação. Ela relatou o seguinte:

Nas primeiras semanas naquela prisão, tudo era tão repugnante, tão degradante, os guardas nos tratavam de maneira absolutamente desrespeitosa e brutal. Eu continuava achando que esse tipo de coisa simplesmente não acontecia com pessoas como eu. Eu não sou deste mundo. Essas pessoas pertencem a este mundo, mas eu não. Um dia, me olhei no espelho. Fiquei chocada com a bruxa que me olhava do outro lado. Eu era uma "dessas pessoas". Ali, todas éramos iguais. Foi

> *quando mudei minha atitude e comecei a fazer amizades, ajudar as outras pessoas e encontrar maneiras de me comunicar com elas. As pessoas que eu achava que eram a escória do mundo se tornaram minhas irmãs. Às vezes, elas, literalmente, me davam a roupa do corpo. Agora, sempre que entro em contato com pessoas que se envolveram em situações difíceis, sinto que elas são como eu. O mundo está cheio de minhas irmãs. E isso me tornou uma pessoa muito melhor.*

Cassandra crescera num ambiente de inveja, competição e agitação social. As mulheres presas que lhe pareciam criaturas estranhas foram as primeiras a fazer com que se sentisse parte de uma comunidade e entendesse que aquela comunidade era a sua casa. Foi isso que fez com que Cassandra mudasse sua visão sobre a vida. Ela jurou que, quando voltasse, nunca mais se esqueceria da idéia de que você se sente em casa no mundo porque, de algum jeito, está conectado a todo mundo. Não posso dizer que Cassandra um dia tenha se tornado uma grande humanitarista. Mas ela se tornou a representante de um artista e conduz seu trabalho com tanto carinho e generosidade que isso a faz sobressair.

Temos, então: um cara rígido, uma moça arruinada – duas pessoas bem diferentes vivenciando situações bem diferentes, oriundas de condições e formações diferentes, usando palavras diferentes. Mas, em essência, elas obtiveram o mesmo significado dos acontecimentos porque ambas precisavam da mesma lição. E elas encontraram porque procuraram.

Se você as tivesse conhecido antes de terem passado por essas experiências, teria sentido que eram pessoas fúteis e que a vida precisava ensinar-lhes uma lição. Você poderia perceber o que faltava no desenvolvimento delas. E aí alguma coisa ruim aconteceu realmente e pronto! A vida as conduziu à escola e deu a elas o que lhes faltava: uma opção de se sentirem em casa neste mundo.

Três dádivas

RAZÃO 2: PARA AJUDÁ-LO A SE ACEITAR TOTALMENTE

Quando você nasceu, recebeu três dádivas.

A primeira é a dádiva da vida. Você pode respirar, sentir, enxergar, movimentar-se e, finalmente, pensar. Todos os dias da vida, você celebra esta dádiva.

A segunda é a dádiva de *uma* vida. Você nasceu em um lugar, numa determinada família. Você é do sexo masculino ou feminino, americano, asiático ou africano. Sua vida tem um formato, assim como um diamante. E todos os dias você aproveita esta vida específica que lhe foi dada.

A terceira é a dádiva de *você*. Este é você como realmente é, com todas as suas perfeições e imperfeições. A questão é que você próprio é uma dádiva, por inteiro, não apenas as partes boas, mas todas as partes e as maneiras como todas as partes acrescentam ao todo.

Isso é importante. Você não pode celebrar sua dádiva e depois se desmontar, misturar tudo em pilhas diferentes e rotular uma daquelas pilhas como MINHAS PARTES NEGATIVAS. Você celebra a dádiva como um todo porque toda parte dela se resume em fazer com que você seja *você*. E quem entre nós é tão sábio para saber quais partes não deveriam estar lá? Isso é exatamente o que não deveríamos fazer. Se tudo tem um significado, será que não deveríamos assumir que até mesmo os aspectos que achamos mais deploráveis são, de alguma forma, necessários para fazer com que tudo em nós seja a dádiva que é?

Suponha que alguém lhe desse uma ilha inteira, com uma casa e um barco para ir e voltar. Suponha ainda que a ilha não fosse exatamente um paraíso, que lá fizesse calor demais no verão e que fosse um lugar cheio de lagartos e mosquitos. Talvez a casa demande alguma reforma e o barco tenha alguns buracos. Você aceitaria esse presente? Quem não aceitaria! Você adoraria o presente e o aceitaria de bom grado.

Mas muitas pessoas têm dificuldade em aceitar a si mesmas. Vou contar o caso de uma modelo que havia acabado de brilhar na passarela de um grande desfile de moda. É claro que havia outras modelos, mas, de alguma forma, aquela era sua noite mágica. Ela brilhava com uma luz interior. Todos os homens a desejavam, todas as mulheres queriam ser como ela. Tenho certeza de que todos a achavam um sucesso.

Estive com ela no dia seguinte ao desfile e ela disse: "Ao fim do desfile passei pela rua e todos me diziam como eu estava maravilhosa. Em seguida, dobrei a esquina em direção de casa e estava absolutamente só. Eu não tinha ninguém para me acompanhar."

Na verdade, a moça tinha vergonha de si mesma, de sua vida, de tudo. Seu namorado terminara a relação com ela. Com suas constantes viagens, tinha poucos amigos com quem pudesse se relacionar. Ela lutava contra o alcoolismo, achava-se gorda. Ela se odiava. Soluçou por uma hora, contando-me tudo isso.

Esta história é a regra, não a exceção. Pense na pessoa mais bem-sucedida que você conhece, alguém que você ache um sucesso total: uma pessoa famosa ou talvez um vizinho seu. Posso afirmar que, se você conhecer essa pessoa a fundo, descobrirá que ela tem vergonha de si mesma. Você encontrará histórias chocantes de humilhação e de auto-aversão.

Existem milhões e milhões de homens e mulheres que lutam para obter a auto-aceitação e nunca conseguem. Isso é muito triste. Mas, de vez em quando, acontece algo de grandioso que os faz despertar, dá-lhes uma oportunidade de ver que precisavam aceitar a si mesmos e lhes mostra como fazê-lo. Não seria bom se pudesse acontecer algo em nossas vidas que milagrosamente nos desse a virtude da auto-aceitação?

Talvez isso já tenha acontecido. Você já vai descobrir.

Ganhar e perder

Sarah me procurou porque perdera a perna em um acidente de carro. Na estrada, o motorista do carro que vinha a seu lado perdeu o controle e desviou na direção do carro dela, que bateu contra a cerca de proteção e rolou por um barranco. Eu fazia parte de sua equipe de reabilitação.

Em determinado momento, perguntei-lhe:

– Foi difícil para você se aceitar como uma pessoa sem uma perna? – Se havia algo mais faltando em sua vida, eu ainda não sabia.

Ela era corajosa:

– Sabe, quando você perde as duas pernas, tem de usar uma cadeira de rodas. Portanto, sou uma pessoa de sorte. Tenho de pular de um lado para o outro quando não estou com minha prótese, mas, pelo menos, quando a uso, ainda posso jogar futebol.

– Ah, claro – eu disse. – Todo mundo que perdeu alguma coisa logo desenvolve respostas inteligentes que o ajudam a lidar com a perda. E isso é bom, você não quer ficar vulnerável o tempo todo. Mas eu sei que você não está aqui porque está se sentindo feliz com a perda de sua perna.

Rapidamente, seu rosto assumiu o aspecto de alguém que está prestes a chorar:

– Tudo bem, vou lhe contar o que aconteceu. Quando os médicos me contaram que teriam de amputar minha perna, foi tudo tão rápido que eu nem tive tempo de pensar muito sobre o assunto. Eu só estava preocupada se poderia morrer. E logo após a cirurgia, nos primeiros dois dias, senti uma onda de energia. E pensei: *Tudo bem, eu vou ter de lidar com isso, sem problema.* Mas aquele período de tranqüilidade não durou muito. Até agora, só consigo ficar "de cabeça erguida". Desde a primeira semana, tem sido muito difícil, e está piorando cada vez mais. As pequenas coisas são difíceis, aonde quer que eu vá, coisas simples como me sentar a uma mesa no McDonald's, imagine qualquer situação. Eu não agüento ver as pessoas me encarando.

"Perder a perna significa que vou ficar sozinha para o resto de minha vida? – Sara me perguntou. – Mesmo que eu tenha uma ótima prótese, qual é o momento certo para contar para alguém com quem se está saindo que você só tem uma perna? Como *posso* aceitar isso quando tudo o que eu esperava na vida mudou de repente?"

Desconfiei que o problema da aceitação poderia ser mais profundo para Sarah. Se auto-aceitação era uma questão importante, talvez a razão para isso fosse possibilitar-lhe a auto-aceitação que ela tanto queria.

Sarah respondeu às perguntas do questionário a seguir. Responda você também:

- Você diria que levou a vida extremamente preocupada com o que as outras pessoas queriam e com o que elas achavam importante?
- Será que você está sempre tentando mudar as coisas em si mesmo sem muito sucesso?

- Você tem medo de falar o que quer para as pessoas mais próximas de você?
- Você se sente uma pessoa sem importância ou deixa que as pessoas a tratem como alguém sem importância?
- Você acha que, se as pessoas a conhecessem como realmente é, gostariam mais de você?
- Você tem idéia de algo que quer fazer ou de um modo de vida, com base no que é mais importante para você, e sente que não está fazendo nada para isso se tornar realidade?

Talvez a pessoa amada tenha lhe dado um fora, ou talvez você tenha passado boa parte de sua infância doente, com asma, ou não seja exatamente tão bonito quanto desejaria. Seja qual for o problema de sua vida, se você respondeu "sim" a quatro ou mais dessas perguntas, então o episódio aconteceu para lhe dar o que precisava para alcançar a auto-aceitação que você procurava.

Sarah ficou confusa. (Mais adiante, verá como isso se aplica a você.) Começamos a falar sobre a primeira pergunta. Ela disse:

– Meu Deus, sempre mantenho o foco no que as pessoas querem e ignoro o que quero. Quando acordei após o acidente no hospital, vi-me numa situação inusitada. Os médicos me apresentaram alternativas e eu não conseguia decidir sobre nada sem perguntar a todas as pessoas que eu conhecia o que elas queriam que eu fizesse.

"Mesmo quando tive de amputar a perna, parecia que era algo que tinha de ser feito, mas o médico queria que eu sentisse que eu tinha todas as alternativas, exceto a de não amputar a perna. Eu podia ver no rosto de meu namorado o que ele sentia em relação a viver com uma mulher de uma perna só. Portanto, perguntei aos médicos sobre a possibilidade de não amputar minha perna. É claro que eles não podem ter certeza absoluta sobre tudo. Logo, como não podiam prometer absolutamente nada sobre algo que tinha de acontecer, eu estava preocupada com o que meu namorado estava sentindo. E, depois, quando eu finalmente concordei com a cirurgia, a razão pela qual o fiz foi para não decepcionar o médico. Quando acordei sem minha perna, foi como se eu não tivesse feito aquela escolha."

– Isso é um padrão que você vê em sua vida? – perguntei delicadamente.

– Ah, sim – disse ela. – Posso citar um exemplo: como foi que me tornei contadora? Sim, eu era inteligente e eficiente com números, mas, quando cresci, eu era do tipo "cdf" e achava que meus pais tinham em mente que ser contadora seria uma profissão segura atrás da qual eu poderia me esconder. E eu concordava com eles.

"Sabe uma daquelas outras perguntas que você me fez: 'Se as pessoas conhecessem o que você é realmente, gostariam de você?' Bem, eu sempre senti que 'Não, de jeito nenhum'. Sou apenas esta pessoinha chata; sou boa em matemática, mas não sou tão inteligente ou criativa. Sabe o que sou? Um zero à esquerda. Nunca recebi muitos convites para sair. Como os outros gostariam de mim se eu mesma não gosto? Logo, é claro, eu não tinha o direito de sair por aí dizendo o que queria em relação a qualquer coisa."

A auto-aceitação está logo ali

Agora, Sarah estava a ponto de descobrir que recebera uma dádiva junto com sua perda. A perda da perna a retirou do caminho que trilhava e a colocou em um novo caminho, no qual ela acharia a auto-aceitação que todos buscamos. Como isso aconteceu?

Todo mundo alcança a auto-aceitação da mesma forma. É como tentar lembrar o nome de alguém. Está na ponta da língua, você quase consegue. Você tem a sensação de que, como quer se lembrar, você conseguirá. Mas nada, nada, nada acontece e, de repente, pronto.

O mesmo acontece com a auto-aceitação. Quando você realmente a alcança, ela chega completa e rapidamente. E o que consegue é um poder arrebatador que acaba deixando-o só.

De que maneira um evento importante nos mostra isso?

Um acontecimento terrível é sempre difícil e sem propósito. Seja um ataque do coração, uma doença ou um golpe em tempos de dificuldades econômicas, a enorme onda que se abate sobre nós pode nos fazer sentir insignificantes.

> *É a chance de gritar "Eu sou importante!" quando a vida lhe diz "Você não é nada", e isso faz com que algumas pessoas tenham aquele lampejo de auto-aceitação e descubram, então, significado no que aconteceu.*

Vamos começar com alguém que teve dificuldade para se aceitar – talvez você, por exemplo. É provável que tenha sido realmente duro consigo. Talvez você tenha se acomodado a situações negativas, mas você permaneceu assim porque talvez não tenha certeza de que merece mais do que isso. A vida, então, se aproxima de você e lhe traz alguma tragédia ou dificuldade.

Conquistar o que você merece

O que vem depois não acontece de repente nem com todo mundo. Mas pode ocorrer com mais gente do que você pode imaginar. Você fica saturado. Você pode afirmar: "Opa, espere um pouco, eu não mereço essa droga." Você já sabe que não merece ser tratado dessa maneira pela vida. E, em seguida, outra coisa lhe acontece – você percebe que já estava se tratando desse jeito.

Se lhe desagrada o modo como a vida vem lhe tratando, é uma grande loucura que você se trate do mesmo jeito.

Então é isso. Para muitas pessoas, é como uma luz que se acende. A auto-aceitação era impossível e, de repente, é absolutamente necessária e fácil. Como isso acontece? É como olhar para as partes de si mesmo que você odiava ou rejeitava, só que agora você olha para elas e, de repente, sente que são positivas. Você consegue viver com elas. Pode ser até que goste delas. Pela primeira vez em sua vida, você aprecia a dádiva que lhe foi dada – *você*.

É isso que eu queria que Sarah experimentasse:

– Nós sabemos – eu lhe disse – que, com base em suas respostas ao questionário, encontrar a auto-aceitação é o significado que está por trás do que lhe aconteceu. Mas acho que podemos ir além de saber *que* você superou a situação para que pudesse chegar à auto-aceitação. Agora, vamos falar sobre *como* você vai conseguir isso.

Pedi a Sarah que falasse sobre as partes de si mesma que ela tinha dificuldade em aceitar, antes de perder a perna.

– Sabe, enquanto eu crescia, meus pais me pressionavam para que eu me casasse e tivesse filhos, embora eu não soubesse por que eles agiam assim em relação a algo natural para a maioria das pessoas. Quando minha mãe conversou comigo sobre eu me tornar contadora, a primeira coisa que ela disse foi que era uma boa profissão porque me permitiria trabalhar em meio período enquanto meus filhos fossem pequenos.

"Mas você sabe o que eu queria fazer realmente? Eu queria ser médica. Mas, de algum modo, a maneira como cresci fazia com que aquilo parecesse muito egoísta. Em seguida, quando eu me machucava – e isso acontecia com freqüência –, eu via o que os médicos podiam fazer pelas pessoas e elas se sentiam tão agradecidas que eu sonhava ser capaz de fazer o mesmo pelos outros. Mais uma vez, eu disse a mim mesma: *Que nada, você não pode ser médica*. Não sei, era como se eu fosse incomodar as pessoas se me levantasse e declarasse que queria ser médica."

– Mas parece que é um desejo do seu coração – eu disse. – E você passou a vida rejeitando esse desejo. Se você não aceita a idéia, não se aceita. Se você estivesse entrando em um novo grupo de pessoas, como em uma nova Igreja, por exemplo, como gostaria de ser aceita? Com braços abertos. Bem, é assim que você tem de aceitar este aspecto de si mesma. Abra os braços para seus desejos. Talvez outra razão para você ter perdido a perna seja para que se detenha em aceitar a idéia de querer se tornar médica, enquanto você ainda é jovem para realizar isso.

– É estranho estarmos falando sobre isso agora – disse Sara. – Assim que eu soube que perderia a perna, mesmo chorando e lamentando que nunca mais alguém iria me querer e que iria ficar sozinha para o resto da vida, parte de mim tinha um pensamento louco: *Agora eu vou poder ser médica*. Essa idéia vinha sempre à minha cabeça. Provavelmente, existem no mundo muitos médicos de uma perna só. Eu acho que sempre tive medo de aceitar a responsabilidade pelo que eu queria realmente. Pelo menos, é o que parece estar acontecendo. Mas, agora, não tenho de ter medo de nada. *Então, por que não achar uma maneira de entrar para o curso de medicina?*, dizia para mim mesma.

"O que aconteceu comigo é quase uma metáfora. *A vida me aprontou uma armadilha quando amputou minha perna. Então, por que eu haveria de cortar parte de mim mesma?* E é isso que eu estaria fazendo se não aceitasse totalmente o desejo de meu coração."

Até mesmo o acontecimento mais simples...

É mais ou menos isso que as pessoas com quem conversei declaravam: "Eu me aceito porque entendo que não posso fazer comigo o mesmo que a vida fez."

Lembra da história das duas vítimas de estupro que contei no capítulo anterior? Peço desculpas por repetir o que uma delas disse: "Olha, vou lhe contar uma coisa – ser estuprada realmente lhe traz a mensagem de que você não é nada. Para mim, este era o grande horror de tudo isso: ser tratada como uma pessoa absolutamente insignificante. (...) Bem, levou muito tempo, mas finalmente percebi que, se eu me considerava um zero à esquerda, estava fazendo comigo exatamente o que os estupradores fizeram. E eu me nego a fazer isso. Essa terrível experiência realmente me obrigou a me aceitar como uma pessoa importante. Prometi a mim mesma que nunca mais rejeitaria meu verdadeiro eu."

Foi assim que ela despertou.

Até os pequenos acontecimentos podem nos despertar para a auto-aceitação de que precisamos. A história de Jack é um exemplo disso:

> *Há mais ou menos dez anos, eu estava de férias em Nova York com alguns amigos. Estávamos aprontando poucas e boas, em boates de nudismo, bares e estabelecimentos do gênero, e, no terceiro dia, acordei cedo para sair e comprar um presente para minha mãe. Quando retornei ao hotel, todos os meus amigos tinham ido embora! O único recado que deixaram foi: "Cansamos de esperar e decidimos ir para Atlantic City. Até a próxima." Eu não podia acreditar. Foi o pior insulto de minha vida. Fiquei muito magoado e, além disso, eu não estava muito bem comigo mesmo. Amigos não costumam agir assim uns*

com os outros. Então, o que eu era para que agissem assim comigo? Fiquei perambulando por um tempo. Depois, cansei de perambular e simplesmente pensei: Dane-se, estou em Nova York, vou aproveitar. *Como estava sozinho, comecei a pensar no que eu realmente queria fazer. Eu podia ir ao Museu de História Natural, ao Metropolitan Museum of Art, a um concerto – coisas que eu jamais pensaria em fazer se estivesse com aqueles caras. Em certo momento, pensei que tudo tem uma razão de ser. E eu estava feliz pelo que havia acontecido. Aquilo me ensinou que eu poderia ser... que eu tinha de ser quem eu era, e isso significava, acima de tudo, o que eu queria.*

É exatamente isso. Os amigos de Jack o rejeitaram. E Jack não rejeitaria a si mesmo. Seus amigos o abandonaram, mas Jack não abandonaria a si mesmo.

Eis aqui outro exemplo que demonstra como até um acontecimento relativamente comum em nossas vidas pode nos dar um momento de *insight* que possibilita a auto-aceitação. Teri apanhara uma gripe, uma doença séria que durou várias semanas. Antes de adoecer, ela viveu o tipo de vida social que era importante para seu marido e para seus pais: sempre oferecendo festas e indo a festas de outras pessoas, passando férias com outros casais. Ela odiava essas coisas. Ela sentia que havia algo de errado com ela por não querer sempre estar com outras pessoas, por preferir a solidão.

Quando se recuperou, perguntou a si mesma: *Por que tive de passar por essa prova?* Percebendo que sua vida era preciosa, Teri chegou à conclusão de que tinha de parar de se destruir da mesma forma que a doença tentara destruí-la. E, enquanto não aceitasse a si mesma e a maneira como queria viver, ela estaria se destruindo. Para ela, tudo isso era a razão de sua doença.

Então, por que a auto-aceitação não estaria ali à sua espera?

Assumir o hábito da auto-aceitação

Quando não nos aceitamos, olhamos para um pedaço de nossos corpos, nossas mentes, nossos desejos, e ficamos chateados de ver como tudo é extremamente insatisfatório. Reagimos como um crítico de cinema que fica todo excitado só de saber o quanto detesta um filme. Se este hábito não fosse tão destrutivo, seria quase prazeroso, da mesma forma que, às vezes, gostamos de estar com um amigo e comentar sobre o comportamento desonesto de determinada pessoa. Estamos usando nossa energia e inteligência para rejeitar a nós mesmos.

Um novo hábito se desenvolve à medida que usamos nossa energia e inteligência para nos aceitarmos. Você já se deu conta de que não pode e não vai fazer consigo o mesmo que sua vida lhe fez. Logo, você tem a base para a auto-aceitação. Agora, dedique-se a isso, realmente.

Aceite o fato de que você tem dificuldade em se aceitar. Por que não? Hoje em dia, a vida é feita para dificultar as pessoas a aceitarem suas fraquezas e imperfeições. Basta dar uma olhada em qualquer revista, por exemplo. As revistas estão cheias de artigos que lhe mostram como fazer as coisas do jeito certo. Elas estão cheias de dicas sobre como tornar-se melhor, cheias de imagens e histórias de pessoas mais bonitas, mais capazes, mais bem-sucedidas do que você jamais será.

É difícil livrar-se de pensamentos do tipo *Eu estou bem do jeito que sou*.

Parte do problema resulta do quanto queremos nos adaptar a alguma situação. Isso o faz lembrar-se da época de escola, quando a maioria de nós ficava desconfortável por causa de qualquer episódio que nos fizesse sentir diferentes dos outros. Só queríamos ser populares. É por isso que a maioria das crianças do ensino médio se veste e fala do mesmo jeito.

Talvez o impulso de nos adaptar seja a maneira que a natureza tem de nos ajudar a jogar no mesmo time, porque é assim que as coisas acontecem no mundo dos adultos. Portanto, se você está gordo, aprende a odiar ser gordo porque é o tipo de coisa que o exclui do grupo. Se você não fala da mesma forma que as outras pessoas, elas podem achá-lo estranho e evitá-lo. Se você tem interesses diferentes em relação aos que os outros têm, você acha isso uma vergonha, algo que deve ser omitido.

Então, começamos a monitorar o eu. Nós nos investigamos e nos criticamos. E, ao odiar ou ignorar aquilo que é especial em nós mesmos, não podemos nos aceitar e, então, jogamos fora a terceira dádiva mais importante que recebemos quando nascemos: a dádiva de sermos exatamente o que somos.

É claro que esta questão é muito maior para algumas pessoas do que para outras. Há aqueles que se sentem à vontade aceitando muitas coisas sobre si mesmos; enquanto outros encontram muitas dificuldades. Por que isso seria mais difícil para alguns de nós?

Talvez porque tenhamos recebido muitas críticas durante a infância. Talvez a solidão nos tenha deixado com medo de nos adaptarmos. Talvez simplesmente não sejamos tão maravilhosos como gostaríamos de ser. Ou talvez olhássemos aquilo que era especial em nós e ficássemos assustados – tudo parecia muito vergonhoso ou estranho: ser homossexual no ensino médio, ser uma mulher que gosta de estar no controle da situação, ser uma pessoa que sonha demais, ser uma mulher que gosta de ficar sozinha. Conseqüentemente, muitos de nós vivemos como espiões num território inimigo, vigiando a nós mesmos em caso de sermos descobertos.

Certamente, uma parte de nós recebe a mensagem de que somos maus por sermos quem somos. É assustador percebermos a facilidade com que engolimos esta mensagem quando ela nos é apresentada sob a forma de uma aparente ajuda. Vamos falar sobre as mulheres agora, embora o mesmo tipo de coisa aconteça com os homens. Nossa sociedade tem uma imagem da mulher padrão. Ela é magra, atraente, de boa aparência, bem-vestida e está sempre sorrindo. Ela pode ter uma carreira, mas ainda gosta de coisas de menina: bebês, sapatos, cozinha, decoração. Ela é uma pessoa boa e tem boas amigas. Ela trabalha, mas é o tipo de trabalho feminino.

Agora, suponha que você seja mãe. Você conhece uma verdade sombria – que você mesma não é propriamente uma mulher padrão como as pessoas acham que você é. No fundo, muitos de nós não vivemos de acordo com os modelos da sociedade. E você sabe o quanto isso prejudica as pessoas. Ou você teve de rejeitar os aspectos diferentes de si mesma, ou teve de sofrer nas mãos dos outros por ser diferente.

Portanto, você observa sua filha e fica orgulhosa pelas coisas que a tornam especial, e você fica com medo. Você sabe como a vida dela seria mais fácil se ela se parecesse mais com a mulher padrão. Você sabe como a vida dela pode ser difícil se ela não se adaptar a esse modelo.

Então, como uma boa mãe, gira o tornilho. Gira e aperta sem parar. A pressão é constante porque você quer que sua filha tenha uma vida boa, do mesmo jeito que sua mãe queria para você – questões diferentes, talvez, mas a mesma pressão. É, ela pode se rebelar, mas ela a ama, respeita e quer agradá-la. Logo, como muitas filhas ao longo da história, ela finalmente concorda em detestar as coisas que ela pensa que você detesta nela.

Muitos de nós fomos tratados dessa maneira. No final, a família, a escola, o ambiente de trabalho e a sociedade como um todo podem perfeitamente se juntar para nos dar a seguinte mensagem: Nós queremos que você deteste tudo que nós detestamos em você, inclusive tudo que achamos que esteja fora das normas.

Portanto, ela se odeia por estar fora do peso, exatamente como foi orientada. Ou ela se odeia por não estar interessada em ter filhos, a ponto de negar a si mesma que não está interessada, novamente como lhe ensinaram. Ou ela se odeia por ser ambiciosa e desenvolve uma centena de artifícios que consomem sua energia para fingir que não é ambiciosa, exatamente como lhe ensinaram.

Eis aí, então, mais do que uma ampla justificativa para entender o trabalho que é alcançar a auto-aceitação – até que a vida lhe dê uma sacudida e torne tudo bem mais fácil para você.

Gorda, magra, alta, baixa

Vamos encarar a verdade: quando falamos sobre auto-aceitação, estamos, na verdade, falando sobre gostar de si mesmo. Portanto, vou lhe contar um segredo profundo e sombrio: às vezes, deixamos de gostar de nós mesmos porque lidamos com isso de maneira equivocada. Achamos que é como estar profundamente apaixonado por si mesmo porque é isso que vivenciamos quando realmente gostamos de alguém.

Mas a coisa é diferente para as pessoas que realmente gostam de si mesmas. Não pode ser assim. Nós nos conhecemos muito bem para nos apaixonarmos por nós mesmos. Se você quer gostar de si mesmo, aceite-se como é. Para muitas pessoas, este é o verdadeiro significado de "gostar de si mesmo". Você vê quem você é, admite a idéia de que possui boas qualidades e pára de se punir por causa de seus defeitos. Não é isso que fazemos com nossos amigos? Nós simplesmente os aceitamos. Por que não faríamos o mesmo conosco?

Em seguida, à medida que você passa pelos aspectos pessoais que tem dificuldade de aceitar, é bom lembrar-se de que, também nesse caso, tudo tem uma razão de ser. Talvez você tenha dificuldade em aceitar algo relativo à sua aparência. Como você pode gostar de si mesmo, se é gordo, magro, alto, baixo ou feio?

Mas, para isso, também havia uma razão, talvez a mesma sobre a qual estamos falando – ajudá-lo a aceitar a si mesmo. No *Jardim-de-infância Cósmico*, tudo o que acontece é, de certa forma, uma dádiva ou uma oportunidade.

Digamos que sua dificuldade seja com a balança. Perca alguns quilos, se é o que você deseja, mas saiba que você carrega em seu físico algo que sinaliza sua necessidade de auto-aceitação. Sempre que você se olha, tem uma oportunidade de dizer: "Para gostar de mim, tenho de gostar de tudo em mim."

Podemos aceitar nossas imperfeições quando as vemos como veículos para algo que não teria acontecido se não fosse por elas. Talvez você tivesse uma personalidade um tanto orgulhosa, e alguns quilos a mais fossem uma alternativa de forçá-lo a se lembrar que nem tudo tem de ser perfeito. "Ah, então é *por isso* que eu sou enorme de gorda", uma mulher me disse quando ouviu meu comentário.

A receita é a seguinte: encontre seu jeito de gostar de si mesmo observando aquilo que tem dificuldade em aceitar e se perguntando: "Isso é bom?" E busque uma resposta, como se o guru mais sábio do planeta tivesse dado a você esse tema para meditação. Você ainda não achou a resposta porque nunca fez a pergunta.

Tente não tentar

Finalmente, a auto-aceitação é uma questão de *visão*. Você entende que, ao não se aceitar, está agindo do mesmo jeito que os outros em relação a você. Aí você passa a procurar outras opções de se aceitar. A única coisa que não deve fazer é "tentar" se aceitar, porque isso não funciona. E você não precisa disso.

Aqueles que trabalham ajudando as pessoas a mudar sabem que tentar não é a solução. As pessoas passam o tempo todo tentando e fracassam: tentam perder peso, manter a mesa de trabalho organizada, tolerar as pessoas chatas. Você tenta, sustenta as coisas por um tempo e depois tudo vem abaixo.

E, mesmo assim, as pessoas continuam o tempo todo *sem* tentar. Conheço uma mulher que vivia tentando manter a dieta, mas nunca fazia realmente as mudanças necessárias para a dieta funcionar. A balança só lhe mostrava os números. O espelho só lhe mostrava as imagens que ela estava acostumada a ver. Mas, então, num dia de verão, andando na rua, ela se viu refletida na vitrine escura de uma loja. Ficou assustada com aquele reflexo inesperado de si mesma e finalmente *enxergou*. Aquela vitrine lhe transmitiu toda a motivação de que precisava.

Eis aqui outro exemplo de uma pessoa que mudou porque *enxergou*. Trata-se de um fumante. Durante anos, todos os seus amigos e toda a família vinham tentando fazê-lo parar de fumar. Ele continuou tentando. Nada funcionava. Em seguida, sua prima, uma jovem e amável mulher no auge da vida, morreu depois de uma longa doença. A família estava presente. Cerca de uma hora depois da morte da prima, ele foi até lá para lhe dizer adeus. Ele se inclinou para beijar a testa dela. Não era só o fato de sua pele estar fria, mas sim uma sensação que ele jamais havia experimentado antes: ele sentiu a morte. E aquilo fez com que ele enxergasse o que precisava para conseguir parar de fumar. E nunca mais fumou.

É isso o que todos nós necessitamos. Durante anos, tentei descobrir o que motiva as pessoas a realmente mudarem. A melhor resposta que encontrei é esta *visão*. Nós vemos o tempo todo, mas, de repente, vemos algo novo e diferente que transpassa o nosso coração. Parece tão dramático quanto a diferença entre a escuridão do sono e a luz do despertar.

Precisamos também de algo que nos faça ver. E é por isso que as situações negativas pelas quais passamos têm o poder de produzir uma mudança real na área da auto-aceitação e em qualquer outra área. Nada como uma explosão para fazê-lo despertar ou ver.

A prática leva à perfeição

O engraçado nas lições que aprendemos na vida é que não importa o preço que pagamos para aprendê-las, o quão profundo elas estejam gravadas em nossos corações, às vezes, de alguma forma, nos esquecemos delas. Precisamos de um jeito de colocá-las em prática quando esquecemos um pouco do que aprendemos. Então, neste caso, o que devemos fazer para nos lembrar de nos aceitar quando começamos a voltar aos velhos padrões?

Se a mudança ocorre quando você vê algo grandioso, novo e significativo, a chave para mantê-la é continuar a ver. Portanto, temos de ver quando estamos voltando aos velhos padrões. Isso exige vigilância. Geralmente, a auto-rejeição chega como "crítica construtiva" ou "uma canelada bem dada". Mas, se você consegue entender que está se criticando por algo que sabe que é muito difícil mudar, então, isso é apenas auto-rejeição. Veja as coisas como elas são.

Um jeito simples de pôr um fim à auto-rejeição é a pergunta: "Qual a utilidade disso?" Seja honesto. Você só vive dizendo: "Ai, meu Deus, estou tão gordo!" Tudo bem, então me diga: isso ajuda? Não consigo entender como isso pode funcionar. Portanto, toda vez que você pronunciar uma auto-rejeição, adquira o hábito de responder a si mesmo: "Isso absolutamente não adianta."

Outra alternativa de se livrar da auto-rejeição é se perguntar se o que você está dizendo a si mesmo é o que um amigo diria ou o que um inimigo diria. Os amigos nos apóiam; os inimigos nos colocam para baixo e abalam nossa confiança. Logo, se você disser algo que um inimigo diria, pare e responda: "Vou apoiar a mim mesmo. Como amigo, o que tenho a dizer a mim mesmo é..." Em seguida, diga algo que lhe sirva de apoio.

Outra boa maneira de manter a auto-aceitação é lembrar que você não é o Super-Homem. Tudo que você pode fazer é tentar ao máximo. Quando as pessoas têm dificuldade com a auto-aceitação, julgam-se a partir de vários ângulos. Ser mãe pela primeira vez, por exemplo, já é em si uma experiência muito difícil. Pode ser difícil aceitar que você é apenas uma mãe boa o suficiente. Mas exigir que, ao mesmo tempo, você consiga se manter exuberante não é justo. A maioria de nós mal consegue fazer uma coisa bem-feita na vida. E, para fazer uma coisa bem-feita, temos de deixar muitas outras de lado.

Finalmente, se você se sente infeliz consigo mesmo, talvez esteja lutando contra algo que não é você. Você quer que isso seja você, mas não é. Talvez você tenha tido alguma grande idéia para um artigo que quer escrever para o jornal de sua região. Mas, depois, quando se vê sozinho, não consegue se concentrar para escrever uma linha sequer. Então, por que se torturar? É provável que produzir boas idéias *seja sua praia*, mas talvez *não seja sua praia* sentar-se sozinho numa sala durante horas a fio e criar alguma coisa do nada. Lembre-se: a auto-aceitação começa e termina na capacidade de dizer: "*Esta* é a pessoa que eu realmente sou, e tudo bem."

E o que permitiu a transformação de todo este crescimento em auto-aceitação é que algo aconteceu em sua vida, e o significado do que aconteceu foi tal que você poderia encarar tudo de frente, e dizer: "Eu não vou fazer comigo o mesmo que esse acontecimento fez."

Navegando tranqüilamente em mares bravios

RAZÃO 3: PARA MOSTRAR QUE VOCÊ É CAPAZ DE SE LIVRAR DO MEDO

A jornada da vida transcorre em mares bravios. A vida é cheia de situações que nos levam ao desespero. Alguns medos são perfeitamente razoáveis, mas outros são bastante prejudiciais – eles nos aprisionam em suas garras e nos impedem de abraçar uma parte importante de nossas vidas.

Então, passamos por uma experiência dolorosa e percebemos que a razão de termos passado por ela era descobrirmos uma forma de viver sem medo.

Às vezes, a lição nos bate no meio da testa. Um rapaz sofreu um acidente de carro quase fatal. Disseram a ele que havia sofrido uma parada cardíaca e que ele fora, literalmente, trazido de volta à vida. Ele sempre tivera medo de ser pobre, por isso guardava cada centavo. Mas, depois que encarou a morte e sobreviveu, nunca mais quis deixar que o medo de não ter dinheiro o dominasse. Agora, finalmente era sua vez de abraçar a vida.

Às vezes, sem percebermos, a vida nos mostra um modo de viver sem medo. Fico pensando numa amiga chamada Mary, que também passou por uma luta desafiadora contra a morte. Ela navegava sozinha de barco pela Costa Leste, vindo de Nova Scotia, e foi pega por uma terrível tempestade. Durante um dia e uma noite, ela viu as velas serem despedaçadas, as ondas transformarem o mastro em palitos de fósforo. O frio se abateu sobre ela. A cada minuto, ela achava que iria morrer.

Mas, de alguma forma, o barco se manteve em condições razoáveis e ela conseguiu superar a situação. Enquanto cambaleava pela praia, subitamente tomou uma resolução. Ela sempre detestara ser advogada, portanto, decidiu que deixaria o emprego.

Será que abandonar a área jurídica era a razão pela qual Mary passara por aquela prova? Apenas aparentemente. Mary largou o emprego porque aquela provação lhe deu algo que fez com que ela pudesse fazê-lo – uma forma de abandonar um medo profundo e poderoso.

As pessoas a consideravam audaciosa. Navegar sozinha em mares cobertos de bruma, esquiar pelos Alpes pelas trilhas mais difíceis ou mergulhar em águas extremamente profundas, ela parecia aquele tipo de mulher sem medo.

Vamos, porém, analisar as coisas em detalhes. Quem desafiaria o perigo daquele jeito, a menos que o medo fosse uma questão em sua vida? Geralmente, as pessoas buscam o perigo que menos as amedrontam, para desviá-las dos aspectos da vida que mais as assustam.

Mary cresceu num ambiente familiar de grande poder e pressão. Seus pais eram extremamente críticos em relação a qualquer coisa que ela fazia que não demonstrasse excelência e ambição. Era como se eles estivessem sempre com uma cenoura – a aprovação deles – diante dela, mas raramente deixavam que ela desse uma mordida. Ela desejava aprovação e, como todas as pessoas desejosas, tinha pavor de não obter o alimento para saciar sua fome. Portanto, Mary sempre viveu de acordo com as expectativas que as pessoas tinham dela.

Foi por isso que se tornou advogada. Havia em sua família, por gerações seguidas, advogados proeminentes de Boston. A pressão tinha sido implacável. Se Mary não tivesse se tornado advogada, o mundo teria desmoronado.

Portanto, o fato é que, a vida inteira, Mary fora governada pelo medo. Mergulhar em atividades radicais que ela realmente não achava tão assustadoras assim era a única alternativa que restava a ela para se esconder da força que realmente a assustava: a desaprovação das pessoas. Mas, quando ela se viu sozinha, correndo risco de vida no mar, completamente impotente, ela percebeu que, *Aquela, sim, era a força verdadeiramente implacável e dominante. Não havia o que temer em relação a qualquer outra menor do que aquela.*

A experiência de quase morrer no mar foi uma provação terrível. Mas a razão para que isso acontecesse foi que Mary pôde obter uma dádiva maravilhosa: saber que ela poderia levar sua vida do jeito que quisesse, finalmente sem medo.

Uma vida sem medo

Descobrir o significado do que nos acontece na vida completa nosso crescimento. Muitos de nós precisamos crescer no sentido de viver sem o medo que tanto nos enfraquece. Esse é o sentido de toda a educação, não apenas no *Jardim-de-infância Cósmico*. Você aprende a ler e não fica com medo de ler nada que se apresente à sua frente, mesmo que seja um texto difícil. Você aprende a escrever e não fica com medo de assumir nenhuma tarefa de escrita que se apresente a você. E, quanto mais você aprende, mais aprende *como* aprender, de forma que, quando você se depara com algum conhecimento novo que demande domínio, isso também não o intimida.

Assim como Mary, muitos de nós não recebem o necessário para viver sem medo. E, por falar nisso, quando falo sobre viver sem medo, não me refiro a pequenas fobias que alguns de nós têm, como, por exemplo, aranhas, cobras, altura. Essas coisas geralmente não têm muita importância. Podemos lidar com elas sem distorcer nossas vidas. O medo a que me refiro e que atormenta muitos de nós é do tipo que rapta nossa vida e a conduz na direção de um lugar para onde não queremos ir. Estou falando de medo da rejeição, por exemplo, que nos faz viver sozinhos, muito embora sejamos ávidos por contato. Ou o medo do fracasso, que nos faz levar uma vida pobre, mesmo que sejamos famintos por realizações.

O que é necessário fazer para produzir pessoas cujas vidas sejam governadas por esse tipo de medo? Infelizmente, é muito fácil. Você as enche de temor, enquanto nega a elas as experiências necessárias para fazê-las sentir que não podem lidar com aquilo que temem.

Mary vivia constantemente ameaçada por alguma desaprovação terrível, mas ela nunca teve oportunidade de aprender a lidar com essa desaprovação. Enfrentar a tormenta no mar coloca qualquer desaprovação em julgamento.

Seja lá o que for, se um acontecimento em sua vida lhe desperta o interesse para entender a razão pela qual aquilo aconteceu, a resposta pode ser para ajudá-lo a abandonar o medo e encontrar coragem. Se você quiser saber se essa razão se aplica a você, responda às perguntas a seguir:

- Você tem dificuldade em confiar em si mesmo ao lidar com situações novas?
- Pense em duas atitudes que você tenha tomado em sua vida e das quais se arrepende. O principal motivo que o

levou a fazer aquelas coisas foi porque estava agindo sem medo?
* Quando você toma uma decisão, o medo é um fator importante que você pesa na balança?
* Você diria que sua vida é plena de situações das quais você tem medo?

Se você respondeu "sim" a três ou mais dessas perguntas, então a razão da experiência pela qual você passou foi dar a você algo que pudesse fazer com que parasse de ter medo. Medo de quê? *Medo de nada.*

Talvez um primo muito próximo tenha morrido num terrível acidente de carro. Ou talvez seu filho tenha nascido com uma doença grave. Ou talvez sua esposa o tenha abandonado. Mas o acaso não existe.

A maneira de entender a dádiva que o cosmos está lhe oferecendo é saber exatamente o que você precisa receber. Se o medo é uma questão profunda para você, então o significado de um acontecimento em sua vida foi para lhe dar o necessário para se livrar do medo.

Livrar-se do medo

Você deve estar pensando: *Tudo bem, entendi tudo até agora. Mas como obter o que preciso para me livrar do medo?*

Observe que *a catástrofe já aconteceu.* E você sobreviveu, manteve-se intacto. Embora você possa não ter percebido, a experiência de encarar sua catástrofe pode obrigá-lo a ver que seu medo é irrelevante. Você ganhou um presente que tinha como objetivo ajudá-lo a sair do domínio do medo.

Nada de complicação. Às vezes, você simplesmente olha e vê que pode entender tudo facilmente. Vou lhe contar o que Jeff, chefe de investigação de uma grande instituição policial, me contou.

"Tive uma infância miserável. Meu pai nos abandonou e minha mãe era meio *hippie*, ou seja, ela não conseguia superar a situação, não conseguia ganhar o suficiente para nos manter e nos arrastava de um lado para o outro pelo país. Eu tinha de ser praticamente um pai para minha irmã mais nova, mas eu não tinha ninguém para ser meu pai. Acho que nunca *tive* uma infância de verdade. Mas é engraçado: de certa forma, eu sempre soube o motivo daquilo tudo. Tudo tinha a ver com o medo. Minha infância foi a mais ameaçadora que uma criança pode imaginar, mas eu tinha de lidar com aquilo, e foi o que fiz. Por exemplo, certo dia, quando eu tinha 14 anos, cheguei em casa da escola e imediatamente pude perceber que algo de muito errado estava acontecendo. Minha mãe estava bêbada e apavorada. Tudo o que eu sentia era que tínhamos de sair dali depressa. Aquela situação já havia acontecido antes. Juntei nossas coisas, coloquei minha mãe no carro e fui dirigindo – como eu disse, eu tinha 14 anos – até a escola de minha irmã para apanhá-la. Depois, seguimos pela estrada e saímos da cidade. Dirigi até minha mãe ficar sóbria o suficiente para assumir a direção. Ela havia pego dinheiro emprestado com uns caras realmente perigosos. Tudo o que sei é que eles obrigariam todos nós a nos prostituirmos até conseguirmos pagar a dívida que minha mãe tinha com eles.

"Mas eu sempre soube que aquela fase era, de certa maneira, uma dádiva maravilhosa. Percebi que, após aquela situação, eu não tinha nada mais a temer. Nunca, jamais. Durante toda a minha vida, eu não tive medo de mais nada."

Agora, eis aqui alguns exemplos para você aplicar à sua vida.

Se seu filho nasceu com uma doença, a catástrofe já aconteceu. Agora, você sabe o que realmente importa na vida. Agora, você sabe como é forte: recebeu o que precisava para se libertar dos medos desnecessários.

Se seu primo, que você amava, morreu num acidente de carro, a catástrofe já aconteceu. Você poderia passar o resto de sua vida com medo, mas, agora, que sabe como a vida é preciosa, pode perceber como é importante viver sem medo. Esta perspectiva é suficiente para se libertar dele.

Se sua esposa o deixou, a catástrofe já aconteceu. Você sabe o que é viver com uma espada sobre sua cabeça, e sabe que não vale a pena viver assim. Seu novo entendimento lhe permite deixar de ter medo.

Eis uma história que ilustra detalhadamente como isso acontece.

Alguém tem uma bola de cristal?

Steve era um homem charmoso de 37 anos que parecia solitário como alguém que perdeu o cão de estimação. Quando saiu da faculdade, ganhou uma bolsa de estudos que permitiu que ele viajasse pelo mundo durante dois anos para estudar menores carentes, crianças na faixa etária de sete anos que viviam nas ruas de cidades como São Paulo e Calcutá. Steve queria descobrir como essas crianças sobreviviam.

Quando retornou a seu país, Steve foi tomado pela idéia de escrever um romance baseado no que viu e começou a trabalhar numa livraria para se manter enquanto escrevia o livro. Dez anos depois, ele havia escrito dois longos e sérios romances cheios de raiva contra um mundo que se negava a ver suas partes podres. Ele não conseguiu publicar os livros.

— Sei que tenho de aceitar o fato de que desperdicei minha juventude – disse Steve. – Simplesmente, desperdicei minha vida. Esta é a minha catástrofe. Agora, tenho de ir em frente, mas não consigo porque não vejo nenhum sentido nisso. Foi um erro muito grande para ser ignorado. *Tem de haver algum sentido nis-*

so. Tem de haver alguma razão, algo que aprendi, talvez, ou algo que eu obtive e que não teria obtido de outra maneira. Porque só tenho agora uma única razão negativa: existe algo de errado comigo. E eu não consigo suportar isso. É como se eu não conseguisse continuar pensando que sou o tipo de homem que jogaria sua juventude fora sem construir algo. Então, qual é o significado disso? Você tem uma bola de cristal?

Steve respondeu às quatro perguntas que acabei de apresentar a você. Ele apresentou quatro incontestáveis "sim". Eu lhe disse que o significado do que lhe havia acontecido era obter o que ele precisava para se livrar do medo.

Steve ficou horas pensando e, finalmente, disse:

– Não sei. Eu considerava estúpidos vários aspectos da vida, e isso me deixava furioso. Eu iria me manter acima de tudo aquilo e escrever romances brilhantes. Isso foi há dez anos. Era o momento que você deveria dizer: *Tudo bem, isso não está dando certo*. E aí você muda para outra coisa. Só que eu não mudei. E, depois dos primeiros dois anos, achei que sabia que a razão de eu continuar a desperdiçar o meu tempo era o fato de que eu realmente tinha medo da vida. Eu tinha medo de não ser bom o suficiente. Temia sucumbir diante das dificuldades da vida e provar a mim mesmo que eu era uma pessoa pequena e medíocre. Você está certa, Mira. Acho que tenho medo de tudo. Mas como a superação de meus medos pode ser a explicação para eu ter perdido tantos anos de minha vida?

Eu pedi a Steve que me contasse algo específico de que ele tinha medo.

– Bem, eu tinha medo de ir trabalhar em uma empresa grande.

– Certo. O que você acha que aconteceria lá?

– Ah, você sabe. Acho que não me sairia bem, não me adaptaria, não seria feliz. Seria um desastre. – Havia um quê de zombaria em sua voz à medida que respondia às minhas perguntas,

como se estivesse rindo de uma catástrofe que realmente o apavorava.
— E depois?
— Talvez eles me despedissem, eu acho.
— E o que aconteceria em seguida?
— Bom, seria uma perda e eu me sentiria péssimo.
Fiz uma pausa:
— Não é assim que você está agora? – perguntei quase num sussurro.
Steve me olhou com um sentimento incrível nos olhos.
— É exatamente como estou agora – ele disse com uma voz rouca, e aquele tom de zombaria começou a desaparecer.
— Esta é a questão – eu disse suavemente. – Tudo que você temia já aconteceu. Não há mais nada a temer.
— Então... então você está me dizendo que o motivo de eu ter desperdiçado minha vida, pelo menos até agora, foi para ver que eu tinha de ter medo de desperdiçar minha vida?
— Não é isso o que nos faz sentir medo de algo? – perguntei.
— Você estava com medo; agora isso aconteceu; agora você percebe que *pode* enfrentar as coisas. Quer dizer, você está aí de pé. Você não parece um caso perdido. E não está sozinho nessa situação. Muitas pessoas não conseguem prosseguir na vida até que o que mais temem acontece com elas e as liberta do medo.
Steve se levantou da cadeira em que estava sentado. Ele começou a andar pela sala, como às vezes as pessoas fazem quando têm algo importante para pensar. Eu diria que ele estava quase dizendo algo. Depois, ele veio até a cadeira, colocou as mãos no espaldar e se inclinou para a frente:
— Deixe-me contar algo sobre meu pai. Ele foi soldado na Guerra da Coréia. Quando ele saiu, trabalhou como técnico na indústria de armas. As companhias perdiam seus contratos e meu pai ficava desempregado. À medida que ele envelhecia e suas habilidades ficavam obsoletas, tinha mais dificuldade em conseguir emprego.

Ele trabalhava muito, mas, em vez de progredir, ficava para trás. Isso o deixava deprimido. A vida de meu pai me dava medo. Você realmente pode desperdiçar uma vida inteira e, quando faz isso enquanto tem um emprego, você não se importa muito... Como eu poderia não estar com medo? – Steve suspirou. – Você tem razão. O medo estava controlando minha vida e eu nem me dava conta. Eu tive de viver o medo para aliviar o controle que ele tinha sobre mim.

Seguir em frente com coragem

Steve entendera como o *Jardim-de-infância Cósmico* funciona. Passamos por alguma situação difícil e depois vemos a dádiva que aquilo representa porque faz com que nossos medos se tornem irrelevantes. Mas você não pode parar por aí. Quanto maior o acontecimento, maior a dádiva. Quanto maior a dádiva, maior a diferença que resulta do acontecimento.

Sei que você ainda se sente o mesmo. Mas, em função do que lhe aconteceu, você já dominou seu medo de alguma maneira. Você recebeu exatamente aquilo de que precisava para dominá-lo. Você tem de confiar nisso.

Embora você possa ainda sentir os mesmos velhos medos, tem de viver como se agora eles estivessem mortos e superados. Você recebeu uma dádiva que tornou possível viver sem medo. Nossa!

Então, o que você faria se realmente não sentisse medo algum? Esta pergunta é a chave para compreender como colocar em prática o que aprendeu. De algum jeito, o medo o manteve afastado da vida. Entender que você não tem mais de sentir medo o traz de volta à vida. Seja lá o que for que você faça, tem de ser algo que você não se permitia fazer quando estava com medo. Talvez você precise acrescentar algo à sua vida. Ou deixar que algo se vá. Ou fazer o que vem fazendo, mas de maneira diferente.

Quando você realizar alguma mudança em sua vida porque acredita que recebeu a dádiva de se livrar do medo, entenderá realmente o significado da situação por que passou.

E o oposto do medo é...

Quando você entende que a razão de lhe ter acontecido algo foi para que você se libertasse do medo, há um sentido diferente em sua vida. Você se dá conta de que se trata mais de um hábito do que de uma verdade. Mas é um hábito perigoso. Logo, como se libertar do medo, uma vez que você já percebeu que não precisa mais dele?

O que você precisa é construir uma história melhor sobre si mesmo. Sua velha história tinha a ver com a intensidade do medo que sentia. *Sua nova história terá de refletir como você é resistente.*

Entrevistei uma mulher que havia passado por um incêndio no dormitório da faculdade. Foi terrível. Ela conseguiu acordar os amigos e retirar todos do local. No entanto, sofreu uma grande inalação de fumaça por causa disso.

Suponha que isso tenha acontecido com você. Considerado sob o ponto de vista do velho hábito do medo, esse episódio mostra como as coisas podem dar errado e como você pode se machucar. A luz se acende quando você vê uma imagem completamente diferente de si mesmo na mesma experiência. Algo ruim lhe aconteceu e você sobreviveu. Mais do que isso – superou tudo como um campeão, embora tenha sido uma situação muito difícil. Agora, trata-se da história de sua resistência. Quando as pessoas percebem que o significado de algo que lhes aconteceu é que elas não têm mais de sentir medo, deixam de se ver como gatos assustados e passam a se considerar pessoas fortes: menos como vítimas, mais como heróis.

Olhe para trás, para uma época em que sentia muito medo. Agora, conte a si mesmo o acontecimento por que passou, mas, desta vez, teça uma história sobre sua força.

É importante ver que sua resistência não pára com a sobrevivência. Ela pode levar uma pessoa muito além do que jamais sonhou. Quando tinha 28 anos, Artie recebeu o diagnóstico de que tinha esclerose múltipla. Ele veio a meu consultório apavorado com o que o futuro lhe reservava e ansioso por saber por que aquilo estava acontecendo com ele. As respostas que ele deu ao questionário das páginas 112 e 113 demonstraram claramente que a razão desse episódio era ajudá-lo a livrar-se do medo – uma questão em sua vida muito antes de ele ficar doente.

Perguntei a ele o que faria se não tivesse medo do futuro.

As atitudes falam mais do que as palavras. Ele nunca tinha sido uma pessoa muito ativa antes, mas deu início a um programa de corrida. A princípio, aquela atitude foi para manter seu tônus muscular, mas logo chegou à conclusão de que era muito mais do que isso. Ele começou a correr longas distâncias com mais freqüência e com maior velocidade. Começou correndo dez quilômetros e algumas maratonas. Ele colocou a reação de sobrevivência num nível totalmente diferente. Ele ficou inspirado a dar uma nova dimensão à sua vida. Seu senso de si mesmo como um ser físico, apesar da doença, na verdade aumentou. Ele não tinha mais de sentir medo, não só por ter sobrevivido, mas porque encontrou um jeito de prosperar mais do que jamais imaginava.

É claro que todos nós morreremos um dia. Então, você vai esperar até ficar bem velho e chegar às portas da morte para ver que a morte em si não é nada de tão terrível, *e depois se dar conta do desperdício que foi levar uma vida cheia de medo?* Você não precisa disso. Para você, a catástrofe já aconteceu.

Todos chegamos a um ponto em que percebemos que o medo não faz nada além de acrescentar um elemento desnecessário de dor ao processo de viver. Entendemos que os terroristas ganham quando vivemos com o medo que eles tentam provocar. Bem, nós nos tornamos os terroristas para nós mesmos quando nos permitimos ser controlados por nossos medos.

Mas não seria o medo seu amigo?

Certa vez, alguém me perguntou: "O que há de tão terrível no medo? O que quero dizer é que medo é uma coisa natural. Não seria o medo um sinal de que você precisa tomar cuidado? O que se costuma dizer dos soldados velhos e dos soldados destemidos? Existem soldados velhos e existem soldados destemidos, mas não existem soldados velhos e destemidos. Não é verdade?"

Um dos argumentos mais comuns do medo é: "Eu vou mantê-lo em segurança." Você recebeu uma dádiva para ajudá-lo a se libertar do medo. Você sabe disso devido às respostas que deu às perguntas do questionário deste capítulo. Essa dádiva foi o significado do que lhe aconteceu – algo que lhe permitiu encontrar sua coragem. Se você quiser usar essa dádiva, tem de entender que o argumento "Eu vou mantê-lo em segurança" é a maior mentira do medo. O medo não mantém ninguém em segurança. A *prudência*, sim, lhe dá segurança.

O ex-primeiro-ministro de Israel, Ehud Barak, encarou essa questão de frente. Ele havia sido o líder de uma unidade de comando de elite que assumiu as incumbências mais arriscadas e difíceis. Ele descobriu que não podia levar aquele tipo de vida com medo. O estresse o mataria. Mas ele também sabia que, sem o medo, o descuido o mataria. Então, como sobreviver?

Barak dizia: "A habilidade de sobreviver [numa unidade de comando] baseia-se em planejamento e em comportamento bastante cuidadoso. Quando você está caminhando muito perto da beira de um penhasco, tem de se locomover cuidadosamente, não de modo arriscado. Eu dizia a meu pessoal: 'Não somos aventureiros!' Portanto, você pode andar bem perto da beira de um penhasco se tiver certeza de que cada passo é firme."

Antes, era seu coração em pânico que o mantinha fora de perigo. Mas ele também levava uma vida limitada e cheia de medo. Agora, é sua cabeça fria que lhe mantém longe do perigo. Mesmo sem medo, você não quer cair do penhasco. Então, pense no que está fazendo. Sua atenção o manterá a salvo.

De qualquer maneira, o medo nunca ajuda. Pense no medo que às vezes trazemos para os relacionamentos, como ele nos torna contidos, distantes e agressivos. Assim, acabamos criando aquilo de que tínhamos mais medo. Isso acontece em todas as situações em que o medo domina.

Como é viver sem medo? Eis o que duas pessoas que enfrentaram um perigo terrível responderam. Brad Wieners, em *Gargoyles over Manhattan*, disse: "Todos os alpinistas experientes sabem disso: quanto mais você se agarra, mais cedo se cansa e mais propenso está a cair." E o mesmo diz Peter Matthiessen, de forma mais poética, em *The Snow Leopard*: "É claro que, retesadas pelo pânico, agarrar-se à montanha leva às pessoas à morte: 'agarrar', na língua egípcia antiga, e 'agarrar a montanha', na língua assíria, eram eufemismos para 'morrer'."

Barak nos lembra que a questão tem a ver com ser cuidadoso, e não com ser medroso. Wieners e Matthiessen apontam que ser cuidadoso, e estar relaxado são atitudes que devem caminhar sempre juntas: cuidadoso mas não apegado. É isso o que as pessoas que enfrentaram os piores perigos podem nos ensinar sobre viver sem medo.

À medida que você aceita a dádiva da coragem e reflete sobre o que isso significa para você, lembre-se de que será possível ser cuidadoso sem se apegar, e aí você estará bem.

Abandonar um velho hábito

O medo é uma questão especial. Mostrar-nos uma maneira de acabar com o medo não é apenas uma das dez razões pelas quais as coisas acontecem. Mas *todas* as dez razões atuam de um jeito ou de outro para acabar com nosso medo: medo de não ser amado, medo de não ser forte, medo de não ser feliz e assim por diante. Portanto, é importante termos a certeza de que fizemos todo o possível para derrotar nosso medo.

Em algum momento de nosso trabalho em conjunto um de meus pacientes fez um comentário muito interessante: "Uma coisa que está me queimando os miolos é pensar que a explicação para o que passei está na necessidade que eu tinha de encarar o meu pior medo e obter o que precisava para seguir em frente. Minha questão é esta: para mim, o medo é um hábito. O que fazer se o medo me invadir de novo?"

O medo *é* um hábito. O que as pessoas não percebem é que é um dos hábitos mais fáceis de curar. Pense da seguinte forma: quando ficamos amedrontados, temos pensamentos que enchem o balão do medo: *Vou morrer. Agora, tudo está perdido para sempre. Agora, todos vão me achar ridículo.* As pessoas que lidam bem com o medo têm pensamentos que furam esse balão até que todo o medo escoe. Como fazer isso? Utilizando o Método Kirshenbaum de Sete Passos para Superar o Medo. Tudo que você precisa é responder a sete perguntas.

1. *De que tenho medo realmente?* Não se trata de uma pergunta estúpida. Às vezes, conhecemos a resposta, mas,

muitas vezes, não. Em sua luta contra o medo, você tem de entender uma coisa: ele tenta ser o mais amorfo e vago possível. É assim que ele vai ganhando força sobre você. Digamos que você esteja iniciando um novo relacionamento. O medo quer que você sinta "medo de dar tudo errado". Em seguida, sua cabeça se enche de fantasmas desconhecidos, e o medo ganha espaço em sua vida. *Você* ganha quando consegue ser específico: como e por que, *exatamente*, este novo relacionamento não funcionaria? Por que não somos adequados um para o outro? Tudo bem, dê a seu relacionamento tempo suficiente para ver se vocês são adequados ou não. Depois, você ganha porque, quanto mais específico é o medo, mais facilmente ele pode ser dominado, porque é *menor*.

2. *Qual é a pior coisa que pode acontecer?* Muitas vezes, temos medo porque entramos em pânico sem necessidade. Simplesmente, não existe nada demais em sentir medo se, ao olhar para ele, o pior que pode acontecer não é realmente algo tão terrível. Muitas pessoas ficam apavoradas ao falar em público, por exemplo. Bem, suponha que você tenha de falar na próxima reunião da associação de pais da escola. Qual é a pior coisa que pode acontecer? Você não fazer uma palestra tão boa. Você pode hesitar, perder-se no texto, ou pode acontecer de alguém pedir para você falar mais alto... E daí? O pior é que, como palestrante amador, você se mostrou amador. E daí? Você não ganha a vida como palestrante. Você é apenas um pai.

3. *Qual é a probabilidade de isso acontecer?* Muitos de nós, ao viajar de avião, ficamos com medo de o avião cair, por

exemplo. Mas qual é a probabilidade de isso acontecer? O fato é que é muito improvável. *Só nos Estados Unidos, são cinco mil vôos por dia.* Muitas das coisas das quais sentimos medo perdem o poder de nos amedrontar quando percebemos a improbabilidade de acontecerem. As pessoas que conseguem lidar bem com o medo têm o hábito de perguntar "Qual é a probabilidade de tal coisa acontecer?" e depois apresentam uma resposta realista (geralmente, "Muito improvável") e se sentem tranqüilas com essa resposta.

4. *Posso evitar isso?* Se passamos menos tempo alimentando o medo e um pouco mais de tempo pensando sobre o que podemos fazer para evitá-lo, a necessidade dele diminui muito. É o que queremos dizer com prudência. É por isso que dizemos que mais vale prevenir do que remediar, ou um homem prevenido vale por dois.

    Reconhecidamente, não há nada que você possa fazer para evitar que um imenso asteróide se despedace contra a Terra. Mas grande parte do que nos amendronta é muito mais previsível do que isso. Muitas pessoas têm medo do câncer, por exemplo. E, como é verdade que todos morreremos de alguma coisa, o câncer é uma das doenças mais passíveis de prevenção, principalmente quando você sabe que a detecção precoce evita que ele seja fatal.

5. *Posso fazer um seguro contra essas coisas?* Não estou falando do tipo de seguro que você compra. Seguro significa apenas que você faz algo de modo que, se essa coisa acontecer, você também ficará bem. Pegue o exemplo de uma pessoa que se encontra num relacionamento afetivo e sente medo de ser abandonado. Às

vezes, as pessoas se afastam de seus amigos quando estão numa relação afetiva. Então, quem estará disponível a lhe dar atenção se terminar aquele relacionamento? Manter uma forte ligação com seus amigos é uma forma de ter um seguro, caso seu relacionamento afetivo não dê certo. E sempre há coisas que podemos fazer para nos dar um seguro, não importa de que tenhamos medo.

6. *Será que eu conseguiria agüentar se algo que temo acontecesse?* Entramos num pânico tão intenso que deixamos de perceber que, se aquilo que nos amedronta acontecesse, seríamos capazes de superar tudo muito bem.

    Suponha que você seja demitido. Dizemos coisas como: "Isso seria o fim. Não sei o que eu faria." Observe que utilizamos palavras que criam o próprio pânico. Mas tenha calma. Você vai procurar outro emprego, não vai? E, com o tempo e um pouco de ajuda, vai encontrar outro emprego, não vai? A questão é assumir o melhor, e não o pior de sua habilidade de superar, porque a maioria das pessoas pode realmente superar as situações com mais facilidade do que imaginam.

7. *Com quem posso conversar sobre isso?* Uma das piores partes do medo surge quando você tenta guardar o assunto só para si. Não faça isso. Compartilhe o medo com alguém em quem confie. Você pode também compartilhar isso com outras pessoas. Se você for fazer uma palestra e estiver morrendo de medo, por exemplo, diga à platéia que você está nervoso. As pessoas ficarão muito mais receptivas e você se surpreenderá ao ver que o fato de ser franco ameniza seu medo.

Cada uma dessas perguntas que aniquilam o medo é uma flecha que tem o poder de furar seu balão do medo. Juntas, estas perguntas formam um *kit* de flechas que lhe possibilitariam furar qualquer balão de medo. Faça as perguntas. Pense realmente em suas respostas. E depois observe o balão do medo se esvair.

Amarrando balões a uma pedra

RAZÃO 4: PARA ENSINÁ-LO A ENCONTRAR O PERDÃO

Perdão. Então, você é do tipo que não perdoa as pessoas que lhe fizeram mal. E daí? Quem se importa com isso? Por que isso deveria ser importante?

Bem, vou relatar a história de um casal que estou atendendo em meu consultório. Eles estão casados há 14 anos. No primeiro ano de casamento, certa noite, eles fizeram amor de uma forma extremamente insatisfatória para a mulher. Era tarde da noite e ambos estavam cansados. Ela reconheceu que estava de mau humor e, na relação anterior, ela também não havia ficado satisfeita. Então, naquela noite, ela disse ao marido que ele era um péssimo amante e que tinha um pênis pequeno: "Você não tem muito com que trabalhar e não consegue fazer nada com o que tem" – foi o tipo de comentário que ela fez. Ela não tinha realmente a intenção de dizer aquilo, mas disse.

É óbvio que ele ficou magoado, principalmente porque havia algo de verdade no que ela disse e porque sabia que a intenção dela era magoá-lo. Ele jamais a perdoaria. Seu antigo desejo natural de fazer amor com ela não existia mais. Eles quase nunca tinham relações, a menos que ela tomasse a iniciativa, então ela parou de sentir que ele a desejava. E ele realmente parou de desejá-la, de uma hora para outra. A falta de perdão minou o amor como o ataque de cupins a uma árvore.

Vou direto às perguntas do questionário:

- Você pensa muito sobre a maneira como foi ferido ou sobre as decepções que sofreu no passado?
- Você se aborrece muito ou tem o hábito de conter a raiva por muito tempo?
- O sentimento de culpa é um fator muito importante para você?
- Passa muito tempo fantasiando sobre como sua vida seria diferente hoje se você (ou alguém) tivesse agido de maneira diferente no passado?
- Você sente inveja com freqüência?
- Existe alguma situação importante em que você se sente a salvo e seguro na vida?

Se você respondeu "sim" a três ou mais destas perguntas, então a razão do episódio pelo qual você passou foi para que tivesse condições de perdoar a si mesmo ou a alguém; perdoar de verdade, não só da boca para fora. O perdão que você nem imaginava sentir agora é possível.

Se isso se aplica a você, você recebeu uma verdadeira dádiva. Não ser capaz de perdoar não seria algo tão importante se fosse tratado como um velho débito. Como quando alguém lhe pede 100 reais emprestados e, depois, vocês perdem o contato. É claro que você se lembra muito bem daquela dívida e gostaria de ter seu dinheiro de volta, mas essa lembrança não lhe pesa em nada. Não existe *sentimento* algum nisso.

Mas não conseguir perdoar é diferente. É um veneno. Afinal, o que fizeram a você teve alguma importância se você tem dificuldade de perdoar. Talvez você tenha sido humilhado. Mas, como você vive sem perdoar os outros, fica ensaiando essa humilhação sem parar em sua mente e, quando as brasas estão prestes a se apagar, você assopra, a chama reacende e você volta a sentir a humilhação. Você bebe o veneno da humilhação. Talvez uma pessoa tenha feito algo que traiu sua confiança. Então, como alguém com muito medo de ser ferido, você procura meios de ficar vulnerável e aumentar seus medos, como um mendigo que conta suas moedas. Isso só faz com que você seja obrigado a pensar em quão inseguro você é, e aí acaba se envenenando com o medo.

Isso o envenena tanto quanto se a situação ficasse remoendo fora de sua consciência, durante a maior parte do tempo. Você se dá conta disso por causa do calor que sente toda vez que o medo reaparece.

Ninguém tem a intenção de não perdoar. Em nossa sociedade, trata-se de algo que achamos que "não podemos evitar", mais do que algo de que possamos nos orgulhar. Mas esta é a questão. O medo realmente parece algo que não podemos evitar. Simplesmente ficamos atados a ele, como alguém que está com um abscesso no dente e sem um dentista para dar alívio. Mas não fique só imaginando como essa situação seria dolorosa. Imagine que você não seria capaz de levar uma vida normal com uma dor de dente daquelas. É isso o que acontece quando ficamos atados, incapazes de perdoar alguém ou quando não conseguimos perdoar a nós mesmos.

Vemos isso diariamente nos jornais. Em quase todos os lugares em conflito no mundo, a violência se alimenta da falta do perdão. O ciclo da violência depende totalmente da incapacidade de perdoar. Nosso mundo está deformado pela falta de perdão.

O fim da culpa

A dificuldade que sentimos em perdoar é, em parte, resultado da maneira automática como nos conduzimos na vida em relação à culpa. Se algo não dá certo, a primeira coisa que alguém pensa é em descobrir quem é o culpado. A culpa é um instinto muito profundo porque nos faz sentir a salvo. Se o índice de mortalidade de um hospital aumentar, você avaliará quem ou o que deve culpar e o índice diminuirá novamente. Se acontecer um ataque terrorista e você souber quem é o culpado, aí passará a se sentir a salvo dos terroristas. Essa série de ligações – desastre, culpa, segurança – reside dentro de nós.

A culpa é o estopim para a incapacidade de perdoar. E por que não conseguimos perdoar? Afinal, na maioria das vezes, nós perdoamos. Quando alguém acidentalmente pisa em seu pé enquanto você está na fila do banco, a pessoa se vira e lhe pede desculpas sinceras. E o que você responde: "Ah, não foi nada." Mas, quando não conseguimos perdoar, isso significa que não conseguimos chegar a dizer "Ah, não foi nada" acerca desse incidente particular. Foi muito sério, muito doloroso. Dizer que não foi nada seria como dizer que *nós não somos nada* e não somos capazes de fazer isso. Não conseguimos perdoar quando o perdão envolve a aniquilação do eu. Logo, parece que estamos condenados a carregar o veneno da incapacidade de perdoar. Ficamos presos a ela.

Não é de admirar que, às vezes, necessitemos de um grande acontecimento para nos libertar da incapacidade de perdoar. Este pode ser, na verdade, o significado de algum acontecimento. É provável que algo lhe tenha acontecido há muito tempo e seu significado seja um mistério, como achar uma chave na gaveta da casa de um parente falecido e ficar imaginando em qual fechadura ela se encaixa, por ter sido cuidadosamente guardada.

Além disso, esse acontecimento foi a chave para libertá-lo da incapacidade de perdoar.

Se o perdão já estiver perto de você, e espero que esteja, ele pode ajudá-lo a entender o que é perdoar. Afinal, alguns de nós não reconheceriam o perdão se ele simplesmente aparecesse à nossa frente.

A virtude do perdão

Como é o perdão realmente? Vou dizer apenas isso: o perdão é muito diferente para as pessoas que realmente conseguem perdoar. Quando você não consegue perdoar, você se dedica a ser capaz de dizer: "Eu o perdôo." Isso pode não significar nada, apenas meras palavras, ou parece uma impossível ação mágica que vai além de qualquer coisa que você pensa que é real – como se o perdão pudesse ocorrer simplesmente porque você diz que está acontecendo. Talvez um padre consiga fazer isso, mas não as pessoas comuns.

Agora, vou explicar o que acontece quando as pessoas perdoam de verdade. Digamos que uma pessoa o magoe. Sua irmã lhe roubou o namorado. Seu colega de trabalho roubou uma idéia que era sua e recebeu os méritos por ela. Puxa! Agora, imagine que sua incapacidade de perdoar tem sido uma pedra pesada alojada bem no seu peito. Quando você perdoa de verdade, é como se balões de gás levantassem a pedra. Existem balões diferentes porque o perdão realiza o levantamento em função de vários ingredientes – pensamentos, razões e sentimentos distintos. Você amarra um balão à pedra e pode ser que nada aconteça. Você amarra outro balão e, ainda, nada. Mas pode ser que, quando você amarrar o terceiro balão, a pedra seja levantada. Atenção, Houston, a nave decolou. O perdão teve sua vez. As *razões* para perdoar finalmente pegaram sua incapacidade de perdoar e a jogaram fora.

Como são esses balões de gás que criam o perdão?

- Às vezes, a raiva simplesmente segue seu curso e morre, e precisamos estar conscientes desse fato.
- Às vezes, realmente esquecemos o que aconteceu.
- Às vezes, compreendemos melhor o motivo que fez com que a pessoa agisse de determinada maneira.
- Às vezes, passamos a nos importar menos com o fato em si.
- Às vezes, damo-nos conta de como a falta de perdão nos faz mal.
- Às vezes, ocorrem outras coisas boas que fazem com que voltemos a confiar na pessoa que nos magoou.

Quando algum evento em sua vida o abala a ponto de fazê-lo encontrar o perdão, isso acontece porque você recebeu exatamente a quantidade certa de balões para levantar a pedra de seu peito.

Vou contar a história de Doug, que tinha muita dificuldade de perdoar. A história dele mostra como usar o que lhe aconteceu para perdoar.

O garoto perdido

Aos 46 anos, Doug era um homem charmoso, um pouco parecido com Steve Martin, e gerenciava uma agência de propaganda. Ele tinha tremenda facilidade de se comunicar. Tenho muitos exemplos de pessoas que são muito comunicativas, mas têm algum problema grave que escondem de todos.

— É uma história incrível — disse Doug. — Tenho um filho, Dougie, de 18 anos. Há quatro anos, ele começou a se envolver com más companhias e com drogas. Ele era um rapaz ótimo e, de repente, em duas semanas, ele se transformou num viciado. Fizemos tudo que era possível: hospitais, clínicas de reabilitação, tudo. Até que ele foi preso por porte de drogas e tivemos de lidar com aquela situação. Graças a Deus, ele era jovem. Ele nunca quis ajuda. O pesadelo se arrastou durante anos. Então, seis meses atrás, ele desapareceu. Contratamos detetives, a polícia fez seu trabalho. Acho que ele se perdeu em algum ponto de uso de *crack* em Nova York, Los Angeles ou Deus sabe onde. Só espero que não tenha morrido.

"Mas, às vezes, chego a pensar que seria melhor que estivesse morto. Pelo menos, eu saberia o que está acontecendo, porque o que mais odeio nisso tudo é a incerteza. Tudo o que sei é que Dougie talvez esteja por aí e, se estiver, ele precisa de minha ajuda. Mas não posso fazer nada. Nunca pude fazer nada para ajudá-lo, desde que ele começou a se envolver com drogas. É por isso que tenho de descobrir algum significado para isso tudo. Isso não pode estar acontecendo por nada – que eu tenha educado esse menino lindo e ele tenha se tornado um desastre para si mesmo e um peso para toda a família. E a questão é que não consigo mais trabalhar. Na agência, as pessoas não vão conseguir cobrir minhas faltas por muito mais tempo. Preciso de algum significado positivo para essa situação, para que eu possa continuar a viver. Sei muito bem que essas histórias nem sempre têm um final feliz. Mas, e aí?"

Então, fiz as perguntas do questionário que apresentei anteriormente neste capítulo e ele respondeu:

– Caramba, essas perguntas me pegaram de verdade. Eu respondi com um tremendo "sim" a quase todas elas. E é estranho porque nunca considerei o perdão como algo que eu tivesse de trabalhar. Bem, acho que preciso me perdoar pelo que aconteceu a meu filho, mas... não é possível que o motivo de ele ter se envolvido com drogas tenha sido para que eu conseguisse me perdoar por minha parcela de responsabilidade por ele ter tido esses problemas. Isso seria simplesmente absurdo.

— Sim — respondi —, você está absolutamente certo. A razão de uma pessoa cair da escada e quebrar a perna não pode ser para ela se perdoar por ter caído da escada. Se o motivo de cair da escada foi para ela chegar ao perdão, isso ocorreu por algo bem remoto e que seja talvez muito mais sério, como, por exemplo, o fato de seu irmão mais velho estar sempre ocupado e tratá-la como uma peste. Aí, a pessoa cai da escada e percebe: *As pessoas podem ter suas ocupações, ficam distraídas, e não há nada que possa evitar que elas cometam erros. Portanto, talvez eu consiga finalmente perdoar meu irmão.*

E eu continuei:

— Então, tenho certeza de que sua necessidade de perdão começou bem antes de tudo isso acontecer com seu filho. A quem você estava culpando antes de tudo isso acontecer? Siga os passos da culpa e você achará a pessoa que necessita de perdão.

— A primeira pessoa que me vem à mente é meu pai — disse Doug. — Ele era mesquinho, frio e crítico. Nada que eu fazia era bom o suficiente. Como na época do ensino médio, quando eu finalmente recebi um boletim com notas A e B em todas as matérias, nenhum C. Quando cheguei em casa e lhe mostrei o boletim, ele simplesmente disse: "Tudo bem, agora, na próxima vez, você pode tirar somente notas A." — A voz de Doug estava começando a ficar embargada. Aquilo era algo que o deixava emocionado.

— E você nunca o perdoou — eu disse.

— Você está certa. Eu nunca o perdoei. Toda semana, falo com ele ao telefone. Quando conversamos, às vezes ajo como se eu não me importasse com ele, mais para puni-lo do que para me compensar, como se eu lhe dissesse: "Está vendo, não me importo com você." Mas, obviamente, nunca o perdoei.

— Então, como isso funciona para você?

— Não sei, eu não morri por causa disso. Bem... o que eu poderia dizer? *Eu o perdôo?* Isso seria da boca para fora.

Ficamos um pouco em silêncio. Depois, eu disse:

— Você se sente mais forte por não ser capaz de perdoar seu pai, como se isso o protegesse da atitude dele. Mas acho que isso o machuca muito. A raiva e a lembrança da dor que você carrega pela vida afora se revelam uma ferida incurável.

— Então, qual é o verdadeiro significado de perdoar alguém? – Doug perguntou.

A face do perdão

O que *significa* perdoar alguém? Boa pergunta. Se você recebe uma visita em sua casa e a pessoa quebra um vaso que você adora, em algum momento você toma consciência do fato, e diz: *Ora, as pessoas esbarram nas coisas, o que isso tem demais? Era só um vaso, essa pessoa é minha amiga.* Não é que você esteja minimizando a perda. Mas nenhum vaso vale uma amizade, e nada do que podemos perder é maior do que a vida em si. Você não está sendo justo consigo, a menos que veja que o perdão restaura sua vida. Quando você perdoa, está dizendo ao cosmos e, acima de tudo, a si mesmo que você agora está bem. Quando você não consegue perdoar, é como se estivesse proclamando que não está bem; e *admitir* que não está bem de alguma forma o enfraquece e *faz* com que fique mal.

— Então, você está me dizendo que preciso ter uma visão das coisas para poder encontrar o perdão? – perguntou Doug.

— Claro. Observe as respostas que você deu às perguntas. Normalmente, as pessoas que dão respostas como as suas dizem que a razão pela qual passaram por certa situação foi para que ganhassem uma perspectiva de que encontrariam o perdão. E de onde vem essa perspectiva? *Do próprio acontecimento.*

Se você consegue entender como perdoar a si mesmo ou a pessoa responsável pelo fato negativo que lhe aconteceu agora, então esta é a mesma razão pela qual você precisa perdoar aquela pessoa do passado.

É estranho dizer isso, mas é verdade.

— Lembra do cara que caiu da escada? Qual o significado daquele tombo para ele? Que ele pudesse perdoar o irmão. Como? Bem, como ele perdoou a si mesmo por ter caído? Ele disse: *Você vive ocupado, fica ansioso, comete erros.* Bem, esta é a única e a mesma razão que ele tem para perdoar seu irmão.

"É como se os acontecimentos fossem uma lição bem específica de perdão. Existe significado no que aconteceu com seu filho, e o significado é que você ganhou um modo de perdoar seu pai. Como? *Se você observar como perdoar a si mesmo pelo que aconteceu a seu filho, saberá como perdoar seu pai.*"

— Acho que provavelmente eu diria que fiz o possível e não sou responsável pelo jeito de ser de Dougie.

— Acho que é exatamente isso o que você dirá. E essa é a dádiva para você nesta experiência. É exatamente isso que você precisa dizer sobre seu pai, para que consiga perdoá-lo.

— Você está me dizendo que vou ter de dizer que ele fez tudo o que podia e que, no final das contas, ele não merece elogio ou culpa pelo que me tornei?

— Isso mesmo. As coisas acontecem para nos ensinar uma lição muito especial sobre o perdão. Vou lhe dizer uma coisa: sua vida irá sucumbir até que você encontre o perdão que agora é possível para você.

— Minha vida já está sucumbindo — Doug desabafou.

— *A razão de tudo o que aconteceu com seu filho é ajudá-lo a encontrar uma maneira de fazer sua vida não sucumbir* — eu disse da maneira mais enfática possível. — É para acordá-lo para a possibilidade de que existe algo mais do que a culpa. Se agora você está em condições de aceitar a si próprio, às outras pessoas e às coisas que acontecem na vida, é possível ter uma vida feliz. E isso o levará a um futuro feliz. E isso irá curar seu passado desiludido. Quando foi a última vez que você teve expectativas em relação ao futuro? Eu me refiro a antes de tudo isso acontecer com seu filho.

Doug parecia atordoado:

– Nunca tive expectativas em relação ao futuro. Tinha *medo* do futuro. Era assim que me sentia seguro. Parece que você fica com medo de ter um futuro feliz. – Fez uma pausa. – Foi o que meu pai fez. O que eu via de fora deve ter sido bem diferente para ele, de dentro. Talvez ele não se desse conta de que era uma pessoa mesquinha. Talvez ele simplesmente achasse que estava me amedrontando em relação ao que considerava um bom futuro para mim.

– Talvez a melhor dádiva que você pode oferecer a seu filho seja libertar-se de toda a culpa para que ele possa voltar para uma atmosfera sem culpa. Na verdade, o perdão é isto: um ambiente sem culpa.

– O que acho sobre o fato de meu pai ser simplesmente um cara como outro qualquer desde Adão? Parece tão... nada.

– Mas você tem de dizer, e vou lhe contar o porquê.

Papel, pedra e tesoura

– Escute, Doug – continuei –, tenho certeza de que você já se libertou de várias coisas em sua vida. Tudo bem. Agora, diga-me rápido, sem pensar, a primeira resposta que vier à sua cabeça: se todo esse tempo e energia que você despendeu com a culpa fossem liberados, por que isso seria uma dádiva? Qual a vantagem disso?

Como eu havia pedido, Doug não hesitou em responder:

— Preciso encontrar o amor. Eu me divorciei há seis anos. Minha esposa dizia que eu era um cara mesquinho. Eu me relacionei com muitas mulheres desde aquela época e nunca me fixei com ninguém. Acho que é porque sou muito crítico e elas não gostam de mim porque acham que eu não gosto delas.

— A culpa mata o amor — eu disse. — É como brincar com papel, pedra e tesoura. O papel vence a pedra. Algumas pessoas não entendem isso porque a pedra é mais dura do que o papel. Mas o papel pode envolver a pedra e fazê-la desaparecer. É isso que a culpa faz com o amor, e isso acontece no seu coração.

— Então, eu deveria parar de culpar meu pai.

— Ele era *apenas* um pai, como milhões de outros, como você falou. Mas talvez existisse alguma coisa em ter um pai duro que lhe desse a dureza de que precisa para gerenciar uma agência de propaganda, que deve ser um ambiente bem hostil.

— É uma selva, mas amo isso tudo.

— É o único lugar em sua vida onde não existe culpa.

— É mesmo, é verdade. Talvez seja por isso que eu amo tanto esse trabalho. Então, tenho de perdoar.

— Exatamente — eu disse. — Portanto, quando você encontrar um jeito de perdoar a si mesmo, isso vai lhe mostrar um caminho para perdoar seu pai. Você consegue fazer isso, Doug?

— Não sei. Estou tão cansado de toda essa culpa e de carregar todo esse rancor! Mas como perdoar a mim mesmo?

— Você fica cansado por não perdoar. Você se dá conta do peso que tem sido. E simplesmente larga esse peso, como se estivesse se preparando para dormir. Não há nada que se possa *fazer*. Os fatos ocorrem simplesmente por muitos bons motivos, do mesmo modo que você se deixa cair no sono quando existem boas razões para tanto. Pode parecer impossível e, de repente, simplesmente acontece.

Para Doug, foi um evento no seu presente (os problemas com seu filho) que fez com que encontrasse o perdão por algo ocorrido no passado (a maneira como seu pai o tratava). Agora, vamos ao caso de Ellen. Para ela, foi o oposto. Foi um episódio de seu passado cujo significado fez com que ela fosse capaz de encontrar o perdão por fatos que tinham lugar no seu presente.

Um chumaço de cabelos e um saco de ossos

Ellen, 37 anos, veio a meu consultório porque a dificuldade que tinha de perdoar interferia em seu trabalho. Ela era enfermeira psiquiátrica. Muitas das pessoas que iam ao hospital em que ela trabalhava a faziam se lembrar, de forma dolorosa, de seus problemas. E ela reagia com gestos de impaciência, em vez de compreensão. Ela me disse o seguinte:

– Em minha fase de adolescência e por volta dos meus 20 anos, tive um problema terrível de anorexia. Em comparação a mim, Karen Carpenter pareceria Dom DeLuise. Durante anos, eu parecia um chumaço de cabelos e um saco de ossos. Por duas vezes, tive uma parada cardíaca e tudo isso praticamente matou meus pais. Foi horrível. E não sei bem como consegui sair daquela situação. Não foi algo que eu tenha percebido de repente. Foi apenas mais um dia em que me mandaram ingerir toda a comida do prato, como já haviam feito um milhão de vezes. E naquele dia eu comi tudo. E nunca olhei para trás. Isto me apavora... será que estou curada? Afinal, o que aconteceu?

"Em alguns aspectos, fui em frente. Durante dez anos, fui uma pessoa saudável e, na maior parte do tempo, nunca penso sobre quem era aquela menina maluca que trabalhou tanto para destruir a si própria. Mas, em outros aspectos, aquela parte de mim está sempre lá. Você vai em frente e nem pensa no assunto e, quando menos espera, algo acontece e *bum!*, a coisa está lá exatamente como ontem."

— Você pode me dar um exemplo? – perguntei.
— Sim, isso ocorre o tempo todo. Os pacientes entram e, na maior parte do tempo, penso que sou realmente uma boa profissional para eles. Mas aconteceu o caso de um rapaz. Ele estava na faculdade de medicina, sua vida começou a ficar confusa e ele tentou se suicidar. E eu me sentia bastante hostil em relação a ele. Quando lhe fazia perguntas, era como se eu o estivesse torturando. É sempre o tom autodestrutivo das pessoas que me deixa furiosa. E, nessas horas, sou muito dura; chego a ser impiedosa. Não consigo perdoar as pessoas por suas falhas. E isso continua estragando minha vida. Vivi com Charlie por cerca de um ano e meio. Eu o amava de verdade, e íamos casar, mas sempre que ele se chateava com alguma coisa eu ficava furiosa com ele. Ele não agüentava, e eu não o culpo por isso.

— Se você não se perdoa, será dura com todos aqueles de quem gosta e continuará a perdê-los. Por que alguém haveria de se sentir seguro com você? Isso só poderia acontecer se fosse possível sentir que existe perdão em seu ser. As únicas pessoas que suportarão isso são aquelas que são tão frias que não percebem que seu coração está cheio de culpa.

Em seguida, pedi a Ellen para responder às perguntas do questionário deste capítulo. Ela respondeu "sim" a quase todas.

— Suas respostas ao questionário mostram que existe um significado para tudo o que você passou – eu disse –, e o significado reside no fato de você ter recebido a possibilidade do perdão. Você precisava ter percebido essa possibilidade, e conseguiu. Em algum momento, você dirá: "A razão de eu ter passado por essa situação tão difícil em relação à minha compulsividade por comida foi para realmente me mostrar como é importante ser uma pessoa capaz de perdoar." Porque a questão é a seguinte: não acho que o que lhe aconteceu a tenha transformado numa pessoa tão dura. Acho que você já nasceu com esse lado totalmente desenvolvido. Você acha que conseguiria ter ficado tanto tempo sem comer se não tivesse essa característica forte em sua personalidade? Não creio. O que aconteceu a você foi sua chance de ser uma pessoa com mais capacidade de perdoar.

Depois de alguns minutos, Ellen disse:
— Quem ou o que eu preciso realmente perdoar?
— Se você souber quem está culpando, saberá a quem precisa perdoar.
— Estou culpando a mim mesma.
— Mas que parte de si mesma?
Outra pausa:
— Minha parte negativa.
— Você estava se matando de fome, em parte, porque não conseguia suportar suas imperfeições. Agora, você consegue suportar a imperfeição que a levou à anorexia. Quando você sabe o que culpar, percebe o que perdoar. Imagine o inimaginável: você perdoando suas imperfeições. Sabe de uma coisa? – eu disse, arriscando um palpite. – Aposto que, ao longo de sua caminhada, você se deparou com alguém que era um exemplo de como perdoar suas imperfeições.

E Ellen entendeu logo a idéia:
— Num dos hospitais em que eu estava, havia uma enfermeira que não me aprovava ou desaprovava com base na quantidade de comida que eu consumia. Ela era sempre gentil comigo. Via em mim uma pessoa além de minha doença. Parecia que ela não se importava com minha doença, só se importava com a pessoa que eu era. E, aos olhos dela, essa pessoa não tinha nada a ver com minha doença. E eu a amava por isso.

— É quase como se você estivesse doente – disse eu –, para que pudesse encontrar essa pessoa que lhe ensinaria a lição de perdoar a si mesma. Afinal, se estava tão doente, você só podia tomar esse caminho se fosse uma pessoa completamente incapaz de perdoar o menor desvio de seu plano por estar vivendo em função de algum ideal. E, então, esta mulher lhe mostrou que você pode perdoar alguém que não é perfeito, mesmo que esta pessoa seja você.

– Eu sei o que ela fez. Só não sei como fazer isso a mim mesma.

E começou a chorar.

Etapas para o perdão

Perdoar é difícil. Vou lhe contar o que eu disse a Ellen:

– Acho que o perdão seria muito mais fácil se não fossem as formas pelas quais o passado continua vivo no presente. É o medo que está impedindo que você perdoe – isso ocorre com a maioria das pessoas. Acho que você ainda sente que aquela mulher que tentou ficar sem comer até morrer, e quase conseguiu, está viva e bem dentro de você. Você não sabe como se sentir segura sem essa mulher dentro de si. Está deixando que essa mulher que você foi defina quem é agora. Mas talvez exista uma alternativa de reconhecer o que lhe aconteceu sem deixar que isso a limite tanto. Você sabe, isso vai acontecer de qualquer jeito. Você ainda é jovem. Daqui a dez, 20 anos, você vai olhar para a vida que construiu e vai ver que ela vem da pessoa que *você* é, não da pessoa doente, mas da verdadeira pessoa que *você* é. É isso que vai definir quem você é. Então, por que não fazer isso agora, em vez de adiar para mais tarde? E depois, quando seu velho "eu" não for mais tão importante na história de sua vida, o perdão será muito mais fácil, pode acreditar.

"Existem muitos caminhos até o perdão. Um deles é: *Saber que seu presente é diferente de seu passado*. E outro é: *Concentrar-se em como você sofreu por não se perdoar e no que é necessário para estar segura*. Isso a fez sofrer, Ellen, porque fez com que você fosse dura com todas as pessoas de quem gostava, e isso acabou afastando-as de você. O que você precisa para estar segura é entender que não foi salva da anorexia por ser uma pessoa dura. Ser uma pessoa dura era parte de sua anorexia. Você se livrou da anorexia porque você é você, você é a pessoa que sempre foi nos últimos dez anos. Você acha que seu velho 'eu' algum dia viria a meu consultório e tentaria enfrentar sua necessidade de perdoar a si mesma?"

– Eu estou aqui e isso significa que eu não sou assim? – perguntou Ellen.

– Olhe só para você. Existem milhares de motivos para você não ser como aquela menina esquelética e doente. O que posso lhe dizer mais? Vamos continuar procurando mais razões para você se perdoar.

– Eu tenho uma – Ellen disse. – *Porque já sofri o suficiente.* Fui minha própria punição. Preciso meditar sobre isso e acho que deveria ser capaz de me perdoar de uma vez por todas.

– Isso mesmo! Acho que se soubéssemos o quanto as pessoas que culpamos também sofrem, o perdão varreria o mundo. O fato é que você tem de ser capaz de perdoar a si mesma, à medida que passa pelo processo de tentar encontrar o perdão. Não é como ver uma luz de repente. É como se você sintonizasse com um sinal que lhe mostra que você realmente pode perdoar a si mesma ou outras pessoas. Você perde o sinal, depois recebe o sinal de volta e torna a perdê-lo, e volta a achá-lo. O sinal volta cada vez mais forte e você melhora sua sintonia com ele. Demora um pouco, mas seu perdão vai gradativamente assumindo o controle. Seja paciente consigo enquanto passa por este processo de ziguezague.

... e olhe o balão subindo

Suponha que suas respostas ao questionário mostrem que a razão pela qual você passou por uma dificuldade em sua vida era encontrar o perdão para alguma coisa ou para alguém. Isto quer dizer que ser uma pessoa incapaz de perdoar é um estágio incompleto de seu desenvolvimento, e o *Jardim-de-infância Cósmico* agiu de modo que você completasse a lição. O perdão agora é possível para você. Vou lhe explicar como é possível alcançá-lo.

Primeiro, observe a situação propriamente dita, mesmo que ela pareça não ter absolutamente nada a ver com perdão. Talvez você tenha simplesmente levado um tombo de bicicleta. Mas observe este evento detalhadamente para ver como o perdão é possível mesmo nessa situação. Doug estava tentando encontrar um significado para o problema de adicção e desaparecimento de seu filho. O perdão que era possível naquela situação era ele entender que havia feito o melhor que pôde como pai e que, às vezes, não importa o que você faça, tudo segue seu ritmo próprio, para o bem ou para o mal.

Então, aplique este entendimento àquilo que você não está conseguindo perdoar. Para Doug, era a impossibilidade de perdoar o pai. Mas, agora, ele podia entender que seu pai também havia feito o melhor, e que Doug se tornou independente do que seu pai havia feito.

O entendimento que você alcançou é um bom motivo para perdoar. É isso que a vida lhe deu. Talvez essa razão seja suficiente. Imagine que o motivo para perdoar seja um balão de gás. Imagine que esteja amarrando esse balão à pedra de sua incapacidade de perdoar. Talvez esse motivo seja suficiente para suspender a pedra e fazê-la flutuar no ar.

Mas talvez você precise de mais razões. Talvez uma única explicação não seja suficiente, mas, juntas, elas são suficientes para levantar vôo. Eis aqui algumas das mais poderosas razões que as pessoas encontraram para o perdão. Pense em quais delas fazem sentido para você. Imagine que esteja amarrando aquelas que fazem sentido para você à pedra de seu perdão.

Algumas pessoas são capazes de perdoar quando se dão conta de que a outra pessoa não pôde evitar aquela situação porque estava doente, prejudicada ou limitada de alguma forma.

Algumas pessoas encontram o perdão quando entendem que a outra sofreu mais do que elas.

Também perdoamos quando percebemos que a outra pessoa sofreu o suficiente, mesmo que ela tenha sofrido mais do que nós.

Perdoamos quando percebemos que já estamos a salvo.

Perdoamos quando percebemos que não queremos ser o tipo de pessoa incapaz de perdoar.

Perdoamos quando a outra pessoa conserta o erro que cometeu.

Mas talvez a razão mais importante seja que, quando não perdoamos, quem mais sofre somos nós mesmos.

O tesouro oculto

RAZÃO 5: PARA AJUDÁ-LO A REVELAR SEU TALENTO MAIS SECRETO

Geralmente, não temos consciência do que há de melhor em nós – talentos surpreendentes que não sabemos ter. Como foi que os perdemos? Muitas coisas nos deixam cegos para o tesouro que existe dentro de nós: a necessidade de ganhar a vida, as oportunidades limitadas quando somos crianças. Mas, enquanto não conhecemos os tesouros que temos, sabemos que algum pedaço deles está faltando em nosso dia-a-dia. Sabemos que nos sentimos incompletos, não-realizados.

Monica se sentia assim quando seu mundo desabou. Ela era uma feliz dona-de-casa e mãe de dois filhos que cursavam o ensino médio. Atuava como voluntária na escola e, às vezes, ajudava na área administrativa, na loja de lanternagem de automóveis do marido. Ela achava que sua vida era perfeita, por isso não conseguia entender por que, às vezes, se sentia tão inquieta e infeliz.

Então, certo dia, quando perambulava pela rua, virou a esquina e literalmente trombou com um antigo namorado da época de escola: o mesmo que a havia levado ao baile de formatura; o mesmo a quem ela entregara sua virgindade. Ele havia se divorciado há pouco tempo, estava ótimo e ficou radiante em vê-la. Eles foram tomar um drinque e se despediram, mas, dias depois, ele ligou para ela e eles voltaram a se encontrar. Por algum motivo, ela evitou falar sobre ele com seu marido. Ela sabia que estava sendo levada a alguma coisa e parte dela queria ser levada.

Monica saiu com o seu ex-namorado cinco vezes antes de seu mundo vir abaixo. Eles não faziam nada além de caminhar pelas ruas e depois se despedir com um beijo amistoso. Ela não contara nada ao marido porque sabia que ele podia ficar muito enciumado. Esse foi seu erro: por ele ser ciumento, ela deveria ter contado o que vinha fazendo, porque eram encontros inocentes e, até então, não havia nada a esconder. Quando o marido descobriu tudo, recusou-se a acreditar que nada havia acontecido entre os dois. Ele a mandou embora e pediu o divórcio.

Monica achava injusto ter sua vida destruída por um erro tão pequeno.

É assim que nos sentimos quando algo de negativo nos acontece. Entre todas as pessoas que conhecemos, somos aquela que escorregou numa casca de banana e agora ficamos lá, de bunda no chão, tendo somente a dor como resultado de nossa aventura; e todos nos olham de cima, rindo de nós. E o pior é quando, como no caso de Monica e de muitos de nós, o evento ruim resulta de nossos próprios erros.

Mas, mesmo assim, em toda queda, existe uma dádiva ou uma oportunidade, que vem a ser exatamente o que estávamos precisando em nossas vidas. A dádiva ou oportunidade era a razão para a nossa queda.

Um claro exemplo disso é quando você passa por períodos difíceis e chega à conclusão de que tudo aquilo tinha uma razão porque você acabou descobrindo um tesouro enterrado dentro de si mesmo, algum talento que nem sequer sabia ter. É como escorregar numa casca de banana, cair no chão, sentir uma coisinha lhe espetando a bunda e depois descobrir que caiu em cima de um diamante. Agora me responda: quem é o perdedor? Você é um ganhador. Você passou pelas maiores dificuldades, mas saiu delas com algo muito valioso.

Mas que talento é esse? Pode ser algo simples como descobrir que você é bom para lidar com dinheiro ou para organizar coisas. Você pode descobrir que tem mais compaixão do que imaginara ou que é ótimo para fazer e manter amizades. Ou pode ter um verdadeiro talento artístico. Pode ser qualquer talento possível.

Foi isso o que aconteceu com Monica. Ela ficou com a guarda das crianças, mas, mesmo com a pensão alimentícia que ele pagava religiosamente, teve de trabalhar para viver. Assim como milhões de outras donas-de-casa separadas, ela ficou muito tempo sem trabalhar e tinha poucas habilidades profissionais. Mas, como ajudava o marido, conhecia o objetivo do negócio de uma oficina de lanternagem de automóveis. Então, ligou para todas as oficinas de lanternagem das redondezas e se ofereceu para o trabalho de organização de documentos, para ajudar no contato com as companhias de seguro, trabalhar no setor de cobrança junto aos devedores. Muitas dessas oficinas eram pequenos negócios que vinham lutando sem a ajuda de alguém que realmente entendesse desse tipo de trabalho. Algumas estavam dispostas a oferecer uma chance a Monica.

Nos anos seguintes, Monica abriu uma pequena empresa que prestava serviços a microempresas que não podiam contratar serviço externo, mas a grande sacada foi ela se concentrar nas empresas que tinham grande potencial de contas a receber. Com o dinheiro que ganhava, ela pagava o próprio salário e, em pouco tempo, pagava também o salário de alguns empregados que contratou. Em termos de negócios, isso significava que ela praticamente tinha um custo zero; era simplesmente lucro.

Agora, vem a melhor parte. Monica me disse a razão de a vida dela ter, aparentemente, desabado: para que ela encontrasse o que precisava para não se sentir incompleta e insatisfeita. Ela possuía talento para negócios: resolver problemas, atrair clientes – tudo isso fazia com que se sentisse realizada.

Embora as histórias possam ser muito diferentes, pela minha pesquisa, uma das razões mais freqüentes para o que ocorre conosco é nos ajudar a descobrir um tesouro escondido em nosso interior. O mundo está repleto de homens e mulheres que passaram por dificuldades como as nossas e, com tempo e paciência, acabaram entendendo que realmente haviam caído em cima de um diamante.

Será que você é uma dessas pessoas?

Gostaria que respondesse às perguntas a seguir:

- Você já passou muito tempo achando que era maior do que sua vida ou melhor do que as circunstâncias nas quais se encontrava?
- Você sempre desconfiou que era ou desejou ser uma pessoa especial?
- Quando era criança, você sempre se sentia menosprezado por sua inteligência ou habilidades?
- Você já se pegou dizendo "não" a oportunidades porque sentia medo de não ter as qualidades necessárias para lidar com elas?
- Você acha que, quando era mais jovem, tinha talentos ou habilidades que não tem agora?

Se você respondeu "sim" a três ou mais perguntas, o significado do que ocorreu com você foi o de ajudá-lo a descobrir um talento escondido.

Pegadas na areia

As histórias mais interessantes que mais atraíram nossa atenção ao longo dos tempos foram os casos de pessoas que descobriram talentos ocultos dentro de si depois de passarem por uma perda ou provação.

A história de Robinson Crusoé é um exemplo. Ela trata da perda de algo. Robinson Crusoé perdeu tudo e foi atirado numa ilha onde aparentemente não havia nada.

Todas as versões dessa história têm o mesmo segmento. Primeiro, vêm o choque, o abandono, a frustração e o desespero. Mas depois vem aquele sentimento de que você não está desamparado, que tem muito mais elementos para trabalhar do que pensava e pode criar para si mesmo um mundo muito melhor do que podia imaginar. Você perdeu tudo e descobriu ser muito mais do que jamais imaginara. E por falar em cair de bunda no chão em cima de um diamante, Robinson Crusoé não achou ouro em sua ilha, mas dentro de si mesmo, um sentido totalmente novo sobre aquilo de que era capaz.

Toda história, real ou inventada, sobre uma pessoa que passa por uma provação tem o elemento da descoberta de um tesouro dentro de si mesma além de tudo que um dia imaginou.

Uma das histórias mais inspiradoras nesse sentido é a de Helen Keller. Ela era cega e surda numa época em que não se sabia muito sobre essas condições. Sim, ela também foi, em certa medida, uma náufraga vivendo numa ilha de escuridão e silêncio. Mas o fato de ter de lidar com aquela situação – e ela recebeu uma ótima ajuda, assim como Crusoé teve Sexta-feira – revelou talentos que talvez nunca viessem à tona se ela não tivesse de lutar.

É engraçado como ficamos interessados em histórias assim. Nosso interesse vem do fato de que não queremos nos sentir como perdedores. É uma coisa muito triste: quando as pessoas procuram uma explicação para um evento ruim, algumas chegam à conclusão de que é porque são perdedoras. Alguém que fica gravemente doente, alguém que perde um ente querido num acidente ou alguém acometido pelo infortúnio fica suscetível a pensar que é um perdedor. Já ouvi as pessoas dizerem: "É como se Deus pusesse um alvo invisível em minhas costas para que as fatalidades me atinjam."

A utilização do rótulo de *perdedor* tem algum sentido psicológico. Quando vemos algo ruim acontecer a alguém, é difícil pensar que vivemos num universo em que aquele tipo de problema ocorre sem motivo algum. É um pensamento insuportável. Então, culpamos a vítima e, se nós formos a vítima, culpamos a nós mesmos. Câncer? "Eu não estava levando uma vida adequada." Dificuldade em encontrar um(a) parceiro(a)? "Devo estar fazendo alguma coisa para merecer essa solidão." Perdeu o emprego? "Sou preguiçoso e burro."

E para que procurar uma razão específica quando você pode simplesmente julgar-se *perdedor*?

Bem, devo lhes dizer que quando afirmo que tudo tem uma razão de ser não estou me referindo a ser um *perdedor*. Pensar que você merece uma fatalidade não traz acolhimento, esperança, paz de espírito ou a habilidade de seguir em frente. O problema é que, quando a palavra *perdedor* se instala na cabeça de alguém, a pessoa não consegue se livrar dela simplesmente dizendo para ela ir embora. Sejamos honestos. A vida não é fácil. Algumas pessoas são sortudas, enquanto outras parecem viver cercadas pelo infortúnio. Se você não pode colocar a culpa em alguém, é difícil não voltar a se culpar e se considerar um perdedor. Mas isso é uma atitude viciosa e *falsa*. E todos nós sabemos disso.

O rótulo de perdedor é extremamente destrutivo. Ele leva as pessoas a pararem de tentar e faz seu mundo sucumbir. Esta é a direção oposta àquela que deveríamos tomar.

Uma pessoa pode reverter essa situação ao ver que toda perda também pode representar uma oportunidade. Isto é um fato. E essa oportunidade geralmente reside na descoberta de um talento escondido.

Bem-vindo à casa de Josie

Como perceber o talento que o *Jardim-de-infância Cósmico* planejou que você descobrisse? Vou lhe dar uma dica: *É aquilo que você faz numa ilha deserta depois de um naufrágio que revela seu talento*, exatamente como aconteceu com Monica.

As dificuldades sempre nos levam a um lugar em nossas vidas. No lugar antigo, os talentos que usávamos eram extremamente familiares, mas eles chamavam a atenção. O lugar novo em que estamos sempre parece exigir novos talentos, e isso, geralmente, causa certo desconforto no início. Você só precisa acreditar que nesse novo lugar, se você é ativo em vez de passivo, se está otimista e não desesperado, seu talento virá à tona. Mas agora você pode acreditar nisso porque já sabe como o *Jardim-de-infância Cósmico* funciona.

A história a seguir servirá para deixar isso mais claro. Josie, 42 anos, era proprietária de um famoso restaurante italiano, cujo nome era, como não podia deixar de ser, Josie's Place. Na pequena comunidade do pequeno subúrbio a quilômetros de Boston, o Josie's, único restaurante italiano da área, era o ponto de encontro das pessoas. O restaurante ficou tão conhecido que ela conseguiu um empréstimo no banco, arrendou uma loja de frente para a rua e planejou abrir uma filial numa cidade vizinha. Infelizmente, tudo isso aconteceu antes de ela saber que algumas cadeias de restaurantes estavam chegando àquela área – a Olive Garden e a Bertucci's.

Exatamente na época em que Josie enfrentava uma crise financeira, a concorrência a tirou do páreo. Ela saiu do negócio e perdeu quase todo o dinheiro investido.

Para mim, Josie se mostrou um bom exemplo de alguém que conseguiu extrair um significado positivo de um episódio negativo. Ela me disse:

— Sabe de uma coisa, quando você anda de carro pela cidade, às vezes vê que algumas pessoas largaram seus negócios: uma loja de presentes, uma sorveteria etc. E você pode pensar, e eu penso: *Aquela loja fechou, que pena*. Mas acho que você não entende com clareza o que ocorre em muitos desses casos. Basta um terremoto e o mundo daquela pessoa vira de pernas para o ar. Um lar foi destruído. O futuro daquelas pessoas fica balançado. Eu sei bem o que é isso, perder meus restaurantes.

"Depois, vem aquele vazio entre onde você estava, cheio de esperanças, e as cinzas que você guardou depois que tudo acaba. Comparando ao que você possuía, também se sente como se não tivesse nada, e também se sente um *nada*. Às vezes, eu chegava a pensar: *Não, espere aí, eu realmente era uma excelente empresária e simplesmente fui vítima de um tremendo golpe de infortúnio*. Mas isso não é nada reconfortante, porque agora você está achando que é aquela pessoa que anda por aí com uma nuvem negra sobre a cabeça e com um alvo pregado nas costas.

"Mas, durante todo o tempo, eu sentia que havia uma razão, e uma boa razão, para a minha vida ter ido por água abaixo. A gente tem essas dicas, uma voz bem sutil que cochicha em seu ouvido, fora de sua consciência. Mas você sabe que essas dicas estão lá e que você pode segui-las.

"Para mim, as dicas sobre o significado de meu sofrimento de alguma maneira têm a ver com minha ida à igreja. Eu estava muito perdida na vida e sentia que, de algum jeito, eu encontraria a resposta na igreja. Eu sempre me sinto bem em igrejas. Sempre me sinto bem quando rezo. Mas sempre achei que era eu quem recebia uma dádiva da religião, nunca que eu pudesse ter alguma dádiva para ela."

Este foi um ponto crucial na vida de Josie. Assim como muitas pessoas talentosas, ela sempre desvalorizava seus talentos, como alguém que não pára para considerar sua habilidade de cantar bem porque só canta no chuveiro ou quando está dirigindo. Não é de admirar que muitos de nós sentimos que somos maiores do que nossas vidas, e era assim que Josie se sentia. Ainda não encontramos um lugar para todos os nossos talentos.

Você já parou para pensar no que aconteceria a uma mulher grávida se ela nunca desse à luz o bebê? Ela morreria. De certo modo, uma parte de nós está morrendo por causa de todos os talentos especiais que carregamos e não utilizamos.

– Continuei freqüentando a igreja – continuou Josie. – Sinceramente, acho que muita gente que está passando por dificuldades na vida vai à igreja. Mas comecei a sentir que havia algo mais lá do que simplesmente o conforto espiritual. Falei com o padre sobre o assunto quando superei o embaraço de parecer que estava de gozação. Fiquei surpresa quando ele me disse que sempre achou que eu era uma pessoa que tinha um lugar especial perto de Deus. Depois, ele disse: "Existem muitas vocações na Igreja e acho que você tem talento para alguma delas, mais do que a maioria de nós." Aquilo me pegou de surpresa e depois me tocou fundo. Ninguém nunca havia me elogiado por possuir talento para coisa alguma.

"Quando o padre Boylan me falou aquilo, fiquei me perguntando que talento eu teria além de simplesmente me sentir feliz de ficar sentada na igreja? Eles não pagariam alguém por isso. Mas o padre Boylan me incentivou. Se eu realmente possuía algum talento especial, ele não estava completamente invisível.

"Então, comecei a reavaliar meu horário no restaurante e isso parece engraçado, mas eu era uma ótima professora dos cozinheiros e da equipe de garçons. Eu costumava entrar no salão do restaurante para papear: o que eu estava fazendo, na verdade, era ensinar os clientes sobre comida italiana. E eles gostavam disso.

Relembrando a época em que eu tivera restaurante, parece engraçado, mas minha melhor atuação era quando ensinava."

– Certo – eu disse a Josie. – O acaso não existe. Como o fato de descobrir que você tem um talento natural para ensinar pode explicar a perda de seu restaurante?

– A verdade é que eu realmente não gostava da parte prática de gerenciar um restaurante. Entrei no negócio porque queria ser... para falar a verdade, eu queria ter meu nome na placa e, quando os clientes entravam, eu era a rainha. É muito bom ser a *maravilhosa Josie*. Mas o que você faz com o talento? Eu sentia que tinha certo talento para ensinar, mas eu conhecia restaurantes. Então, depois... eu ia dizer que depois fiquei deprimida, mas acho que isso me ajudou a sair da depressão. Eu tive a clareza do que um restaurante deveria ser, um lugar divertido para todo mundo, e comecei a fazer *marketing* pessoal como uma consultora de restaurante, o que significava que eu era simplesmente uma professora. Aquilo realmente deu certo porque eu tinha muitos amigos no negócio.

"Mas eu ainda tinha a sensação de que também tinha um talento religioso. Qualquer que fosse esse talento, eu estava decidida a deixá-lo vir à tona. Decidi, então, falar com as instituições de caridade e com as filiais missionárias de algumas organizações religiosas. Minha espiritualidade me convenceu de que, de alguma forma, eu tinha uma vocação aqui, em algum lugar, e que, se eu simplesmente me concentrasse nisso, encontraria minha vocação.

"Agora, adivinhe! Uma organização religiosa realiza um trabalho com jovens com problemas sociais e os ajuda, ensinando-lhes uma profissão. Eu me registrei como membro dessa instituição. Hoje, ensino os jovens a se tornarem *chefs* e a gerenciarem um restaurante. O trabalho não é remunerado, mas, pela primeira vez na vida, sinto-me feliz de verdade. Sinto que estou levando a vida que me satisfaz."

Intuitivamente, Josie fez o que todos poderíamos fazer se soubéssemos como. Talvez ela tenha tido sorte de sua intuição ser acertada. Ou talvez tenha sido mais do que apenas sorte. Talvez o fato de acreditar piamente que tudo tem uma razão de ser e a vontade de procurar essa razão em toda parte podem levar uma pessoa longe, como sucedeu a Josie.

Mas você pode estar se perguntando: se o talento é uma coisa boa, por que haveria de acontecer um estrago tão grande em nossas vidas para nos revelar nosso próprio talento? Temos de olhar para nossas histórias. Muitos de nós, como Josie, fomos desencorajados a pensar que temos algum talento. Muitos de nós temos medo de nossos talentos. E se você tiver talento para a música, por exemplo? Você realmente quer assumir o risco de se tornar músico? Para muitos de nós, é a própria vida que esconde nossos talentos.

Surgido do nada

Minha mãe responderia "sim" a quase todas as perguntas do questionário deste capítulo. O destino lhe deu as costas quando ela era criança. Ela recebera uma mensagem, em alto e bom som, de que não tinha nada de especial para oferecer à vida e esta, por sua vez, não tinha nada de especial para oferecer a ela. Nada além de trabalho, obediência e morte.

Talvez ela nunca *tivesse* sentido que não tinha nada a oferecer, se não fosse pelo Holocausto. Hitler invadiu a Polônia no ano em que minha mãe fez 16 anos. Todos os membros de sua família foram mortos. Mas, de algum jeito, minha mãe conheceu e se casou com um jovem oficial da Cavalaria. Ele morreu em seguida, deixando-a com um filho, meu meio-irmão.

Seis anos mais tarde, ao final da guerra, minha mãe se casou novamente, ganhou uma enteada, outra criança (eu) e foi o começo de um sentido totalmente novo de si mesma. Tendo quase dado a volta ao mundo, na Ásia Central, minha mãe, que nunca teria deixado seu pequeno vilarejo na Polônia, que nunca teria descoberto muito mais capacidade do que simplesmente limpar nariz de criança ou lavar louça, percebeu que era excelente mulher de negócios, quando teve de achar maneiras de sustentar sua família. E ela amava o mundo dos negócios.

Exatamente como na experiência de Robinson Crusoé, quando depois de um desastre somos arrastados pela correnteza até a praia, achamos alguma fonte maravilhosa dentro de nós.

Quero ter certeza de que você não vai interpretar mal as coisas que estou falando aqui. É verdade quando digo que a descoberta de um talento escondido foi a razão para tudo o que aconteceu com minha mãe. Aquela descoberta pessoal realmente imprimira um significado às terríveis perdas em sua vida. Mas não estou dizendo que uma coisa justifique a outra. Não estou dizendo que *seis bilhões* de descobertas pessoais substituiriam uma morte sequer, muito menos seis milhões de mortos no Holocausto.

Mas não se trata de substituir uma coisa pela outra. Trata-se de saber que uma coisa terrível *aconteceu*, mas já aconteceu, acabou, e agora só resta você com essa perda. *Isto será uma perda total ou você será capaz de ver algo de valioso e significativo nisso tudo?*

Descobrir um talento escondido é algo realmente importante. Isso pode salvar sua vida, como aconteceu com minha mãe. Pode salvar sua vida emocional, dando-lhe a esperança e a energia para seguir em frente, como aconteceu com Josie. Pode salvar a vida de seu verdadeiro eu, a parte em você que é especial.

Mas como identificar seu talento se tudo que você sabe, com base nas respostas do questionário deste capítulo, é que descobri-lo é a razão para você ter passado por dificuldades?

Pensar alto

Temos uma idéia muito limitada dos talentos que são ou que não são mais importantes. Se eu lhe dissesse que certa pessoa é muito talentosa, qual seria o primeiro pensamento que viria à sua cabeça? Provavelmente, algum talento artístico: cantar, pintar, escrever, dançar. Talvez você possa pensar num talento para esportes, ou talento para matemática ou artesanato.

Mas já vimos no caso de Josie que o conceito de talento pode ir muito além. Ela encontrou um talento para a religião. A verdade mesmo é que o importante na vida advém do talento de uma pessoa. É importante ser feliz, por exemplo. Minha pesquisa, bem como a de outras pessoas, revelaram que, de fato, algumas pessoas têm talento para a felicidade.

E por que não? Afinal, qual é o significado da palavra *talento*? Significa que, de algum modo miraculoso, você simplesmente "sabe" coisas que ninguém lhe ensinou. E, se você as aprende, consegue aprendê-las mais rapidamente do que outras pessoas e consegue ir mais longe. Por que uma pessoa não pode ter talento nesse sentido, para qualquer aspecto da vida que se possa imaginar?

E depois, por que um problema grave em sua vida não poderia acontecer para ajudá-lo a desenvolver seu talento escondido, como, por exemplo, a paciência? Lembra do Doug, o homem cujo filho se envolveu com drogas e desapareceu? O que você acha que acontece com uma pessoa quando alguém que ela ama desaparece e não é encontrado e tudo o que lhe resta é esperar e ter esperança? Doug me disse o seguinte:

– Nunca pensei que eu fosse um cara paciente. Eu gerencio uma empresa; quantas pessoas em minha posição são pacientes? Mas acho que não agir com paciência é algo que me incomoda realmente. Isso estragou meu casamento e meu relacionamento com meu filho. Acho que estragou também meus negócios. É preciso ter paciência para traçar metas de longo prazo. Mas eu não tinha traçado nenhum plano para a empresa e para a maneira como desenvolveria meu relacionamento com os clientes ou qualquer outra coisa. Mas acho que, depois de tudo isso, realmente descobri como posso ser paciente.

"Em parte, isso é simplesmente o fato de eu dizer a mim mesmo que a paciência é a virtude que me atende no momento. Suponha que Dougie volte para casa. Será que vou explodir tendo um ataque de impaciência com ele por causa de seja lá onde foi se meter? Pensei muito sobre o tipo de pai que fui e como eu desejava ter sido mais paciente com Dougie. Não posso exercitar minha paciência com ele agora, mas posso exercitá-la no trabalho.

"Lá na loja – é assim que chamamos a agência – sou quase como o pai de todo mundo. E eu realmente me tornei muito mais paciente. Se alguém tem uma idéia ou uma colocação a fazer, mas não sabe direito como se expressar, dou-lhe a oportunidade de chegar ao que quer dizer. Tem sido muito bom, também. As pessoas falam mais e surgem algumas idéias boas que eu não teria ouvido se não tivesse paciência. Se as pessoas têm dificuldades em executar um projeto, uso minha energia para ajudá-las, em vez de sair gritando. Elas podem não executar o projeto tão rapidamente como eu gostaria, mas, em geral, o resultado é melhor do que se elas estivessem correndo para terminar tudo dentro do prazo, só para não terem de aturar minha impaciência."

Em seu processo de esperança e paciência, Doug tomou uma decisão simples: ser mais amoroso, ser mais aberto ao perdão, ser mais *paciente* em todos os setores de sua vida. Ele mudou também a forma de lidar com sua ex-mulher.

A nova postura de Doug teve um impacto surpreendente sobre seus negócios. Uma postura mais paciente em relação às pessoas ampliou sua visão sobre os consumidores que pretendia atingir com seus anúncios. Sua propaganda passou a ser mais humana, mais acolhedora, mais doce, mais engraçada, e ele conseguiu fazer um trabalho muito mais efetivo na conexão com o público. Pela primeira vez, Doug começou a ganhar prêmios por seus anúncios, o que fez com que a agência chamasse a atenção dos clientes e os negócios começassem a crescer.

E Doug soube notícias de seu filho há cerca de um ano! O garoto foi para Los Angeles e a única notícia era que havia drogas por lá. Mas havia também uma indústria de entretenimento. Ele passou por um período em que a situação ficou péssima, apanhou, ficou abandonado, jogado numa prisão e, para ganhar algum dinheiro, teve de fazer coisas que jamais contaria a seu pai.

Mas ele tinha um instinto de que conseguiria mudar aquela situação (será que era um talento para a paciência consigo mesmo? – talvez o tesouro escondido seja uma coisa comum na família) e que não deveria entrar em contato com seu pai até que tivesse se reerguido. Dougie negou a si mesmo a ajuda que precisava para poupar seu pai do desgosto de ver a que ponto seu filho chegara.

E ele realmente reverteu a situação. Quando ligou para o pai, Dougie estava morando numa casa de repouso vinculada a um centro de reabilitação para dependentes químicos. Ele havia começado a trabalhar como assistente de produção de uma empresa que fazia comerciais. Estava extremamente orgulhoso por se ter lançado sozinho em algo que tinha conexão com o negócio do pai. Doug foi várias vezes a Los Angeles para ver o filho, e eles sempre se falam por telefone durante a semana. Doug agora é uma pessoa bem-vinda na vida do filho.

Descobrir o que há de especial em si mesmo

Como as outras pessoas interpretam a jornada que Monica, Josie e Doug percorreram? A primeira etapa dessa jornada se deu quando eles entenderam que a razão de terem passado por alguma situação de desafio em suas vidas foi para ajudá-los a descobrir um talento oculto. A etapa seguinte foi entender que talento era esse. E a etapa final foi usar esse conhecimento para melhorar suas vidas.

Vou descrever como você pode percorrer essa jornada.

Primeiro, responda às perguntas do questionário. É provável que você já tenha feito isso, então talvez já saiba que a finalidade do que lhe aconteceu foi ajudá-lo a encontrar o tesouro perdido.

Mas que talento é esse? Você pode simplesmente *entender* qual é esse talento, como aconteceu com Doug. Afinal, quando conversei com as pessoas, elas não disseram que a razão pelas quais sofreram uma queda terrível "foi para descobrir um talento". Elas simplesmente diziam: "Percebi como tinha uma queda para..." Mas elas nunca consideravam aquilo como resultado de estarem preocupadas com os erros cometidos. Elas achavam que se tratava do resultado de terem assumido uma vida nova que surgira após a queda sofrida. Elas viam seu talento escondido nas novas atividades que realizavam na nova vida assumida. Se você conseguir ver isso, então entenderá sua importância. Não se trata apenas de uma coisa à toa, mas do significado do que aconteceu a você.

Mas, se você ainda não entendeu isso, *eis aqui o próximo passo.* Falei sobre esses talentos ocultos como um tesouro enterrado. Mas a verdade é que um tesouro assim nunca está completamente enterrado. Um lampejo dele já foi revelado a você. Não se trata realmente de uma questão de descobrir um talento escondido. É mais uma questão de entender o que você já descobriu. Para isso, é necessário trazê-lo à sua consciência.

Um das técnicas é: você sempre desconfiou de que havia algo de especial em você. Então, diga o que é, seja lá o que for que lhe vier à cabeça. Não procure apenas uma coisa, e sim, pelo menos, dez. Escreva a lista mais longa em que puder pensar. Assim, você está fadado a se deparar com algo que realmente é um tesouro enterrado.

Eis aqui outra técnica: todos nós já tivemos momentos em que fomos *brilhantes*. Foi um momento brilhante para você quando fez algo de especial ou de um modo especial, quando você foi maravilhoso, mesmo que tenha sido por um breve momento. Talvez ninguém tenha percebido, mas você sentiu um tipo de esplendor dentro de si mesmo. Cada uma dessas situações em que tenha sido brilhante é uma maneira de você ser especial.

Por exemplo, talvez você já tenha percebido que, quando seus amigos estão com algum problema, eles o procuram e você sempre pode dar uma ajuda preciosa a eles. Você não é de se vangloriar, mas, para ser honesto, sabe que nesses momentos tem atitudes brilhantes. Este é um sinal de que você é especial.

Talvez você tenha em casa um desses *kits* com 50 canetas coloridas diferentes e saia fazendo esses desenhos malucos. Quem sabe se isso é arte de verdade? Mas é maravilhoso desenhar e é maravilhoso olhar o resultado disso. Parece que você brilha com os desenhos, e você sabe que é uma forma de se mostrar especial.

Ou talvez você olhe para trás e perceba que, cada vez mais, se mete em situações complicadas que chateiam outras pessoas e você, de algum jeito, tem sido capaz de rapidamente organizá-las: um talão de cheques desorganizado, uma cozinha bagunçada, os negócios confusos. Seja qual for a confusão no seu caso, a lembrança de situações em que foi brilhante tem a ver com a capacidade de pôr ordem nessa confusão. Este é um modo de você ser especial.

Tenha certeza de uma coisa: sentir-se especial não tem nada a ver com ganhar elogios ou aprovação das pessoas. *Você sabe como é especial.* Você pode julgar isso. Pode ser que você tenha escrito muitos poemas e nunca ninguém os tenha publicado. Mas, em vez de pensar que eles são um lixo, você continua olhando para eles e se sente feliz porque têm um brilho especial que vem de você. Portanto, você deveria acreditar e confiar que existem pessoas no mundo que irão reconhecer seu talento.

Você também precisa considerar minuciosamente o fato negativo que lhe aconteceu para ver se, de algum modo, ele lhe revelou exatamente um talento no qual você não teria acreditado se o fato não tivesse ocorrido. Vamos analisar o caso de Linda. Quando tinha pouco mais de 30 anos, ela começou a se sentir sempre cansada, arrastando-se pela vida, sempre precisando dormir. Mesmo quando se alimentava de forma saudável e dormia bem, ela estava exausta. Ela ia a vários médicos, e todos diziam que os problemas estavam na cabeça dela. Finalmente, recebeu um diagnóstico de uma condição médica rara, mas que afetava muitas pessoas.

Linda reagiu a tudo de um jeito especial. Em vez de ser simplesmente mais uma vítima do sistema médico, inventou um sistema de pesquisa *on-line* e em bibliotecas médicas e, depois, foi ainda mais longe, criando grupos de apoio e até uma página na Internet que servia de painel de informações para outras pessoas com o mesmo problema.

Fisicamente, Linda ainda não está cem por cento. E as coisas ficaram péssimas por um longo tempo. Mas sua resposta à doença consistiu em descobrir habilidades que lhe deram uma nova vida.

Agora, a terceira etapa. Se você teve a felicidade de descobrir que o significado do que lhe aconteceu é que você tem algo a mais para oferecer do que podia imaginar, *tem de ofe-*

recer isso ao mundo. Trazer isso para fora e oferecer ao mundo. Isto realmente não é uma coisa fácil. Trata-se de tentativa e erro. Você pode, ainda, encontrar obstáculos para descobrir como expressar um talento artístico da melhor maneira. Lembre-se apenas da certeza do quão especial você é. Isso é verdadeiro. Você tem de externar isso e fazer algo a respeito. E não desista enquanto não conseguir.

Vida real, amor real

RAZÃO 6: PARA ENSINÁ-LO A ENCONTRAR
O VERDADEIRO AMOR

Não sei como são as coisas em sua cidade, mas, aqui em Boston, se você pagar suas compras de mercado com uma nota de 100 dólares, eles examinam a nota de trás para a frente para verificar se é verdadeira. E qual é o problema? Provavelmente, eles já tiveram muito prejuízo com notas falsas.

Hoje em dia, existem muitos alarmes falsos em relação ao amor. Em muitos relacionamentos, a palavra "amor" é usada para disfarçar o egoísmo, a indiferença e a raiva. Algumas mulheres dizem: "Mas eu o amo", como um jeito de prender o parceiro em um casamento que gera muito mais dor do que prazer. Existem homens que querem encontrar o amor, mas não querem retribuir.

Qualquer pessoa é capaz de ter um relacionamento. Qualquer pessoa pode justificar um relacionamento em nome do amor. Mas, assim como uma cédula falsa é inútil e um alimento sem calorias não tem valor nutritivo, o amor que não é verdadeiro nunca pode trazer felicidade.

A hora de despertar

Às vezes, precisamos que nossas vidas virem de pernas para o ar para enxergarmos que estamos vivendo um falso amor. É preciso que algo grave seja detonado para nos mostrar que existe uma alternativa. Precisamos de uma sacudida, de uma crise para nos tirar da acomodação, da cegueira e do medo. E isso é bom porque, no fundo, estamos ávidos por algo verdadeiro; e precisamos disso, mesmo que ainda não tenhamos consciência desse fato.

E, a propósito, o alarme pode não vir diretamente de um acontecimento que esteja relacionado ao amor, como um relacionamento que se desfaz de repente na sua frente. Pode ser um acidente de carro, um período sem emprego, qualquer coisa.

Não seria maravilhoso saber que você já recebeu uma sacudida e que tem o suficiente para trazer o amor verdadeiro, duradouro e valioso para a sua vida? Talvez você ainda não se dê conta de quanto amor tem para dar. Talvez tenha tolerância demais com relacionamentos que nunca poderão lhe dar amor genuíno, saudável. Talvez você tenha medo de se comprometer ou de se esforçar para lidar com o amor que encontrou em sua vida.

E agora existe a possibilidade de tudo isso mudar.

Responda às seguintes perguntas:

- Você acha que já ultrapassou sua cota de erros em termos de amor?
- Você receia ser uma pessoa que não pode ser amada?
- Você tem o hábito de pensar que nunca encontrou o verdadeiro amor? (Você pode ter tido vários relacionamentos, mas não encontrou o tipo de amor de que precisa neles.)

- Você costuma se sentir sozinho na vida?
- Alguma vez você já perdeu um relacionamento com um grande potencial de amor porque deixou de valorizá-lo, alimentá-lo, dedicar tempo a ele e dar o melhor de si?
- Geralmente, é difícil para você ser autêntico em seus relacionamentos?

Se você respondeu "sim" a quatro ou mais dessas perguntas, a razão pela qual viveu essa experiência foi para aprender uma lição importante sobre o amor verdadeiro em sua vida.

Isto tem a ver com você? Tem a ver com muitos de nós, hoje em dia. Principalmente porque o hábito, o medo de ficar sozinho, o culto à imagem, a baixa auto-estima e vários outros fatores tornam mais difícil para algumas pessoas reconhecerem o verdadeiro amor, se ele as pegasse pelo pé.

O que é o verdadeiro amor?

Passei vários anos estudando o amor para escrever meu livro *Women & Love*, um estudo sobre a busca das mulheres pelo verdadeiro amor e o que elas precisam para ser bem-sucedidas nessa busca.

Nesse processo, descobri *os elementos do verdadeiro amor*, com base na forma como homens e mulheres o definem quando você pede que se abram em relação às suas esperanças e decepções, quando conseguem ver os erros cometidos no passado e entender o que precisam e o que desejam para agir de modo diferente no futuro:

- Verdadeiro amor não é apenas como você se sente em relação a outra pessoa. É muito mais como essa pessoa o faz se sentir sobre si mesmo.

- Verdadeiro amor não significa se perder no outro. É ser verdadeiro consigo mesmo e com ele.
- Verdadeiro amor não está no quanto a outra pessoa é legal, mas em como você pode ser legal ao lado dela.
- Verdadeiro amor não significa apenas o quanto você ama o outro. Significa como ele o ajuda a amar a si mesmo.
- Verdadeiro amor não significa apenas que uma pessoa encontre um espaço para você no coração dela, mas que ela encontra espaço na vida dela para a sua energia, sua iniciativa, sua ambição, suas paixões, seus interesses e suas necessidades.
- Verdadeiro amor não se baseia apenas em como, "no fundo", o outro é bom, mas em como você realmente experimenta as qualidades boas de seu parceiro enquanto estão juntos.
- Verdadeiro amor não se baseia na ansiedade de estarem juntos, mas em como vocês se sentem bem quando estão juntos.
- Verdadeiro amor não é o amor que vocês dizem compartilhar; é a vida que vocês realmente compartilham, de forma plena, igual e profunda.
- Verdadeiro amor é tratar a outra pessoa como você gostaria de ser tratado.
- Verdadeiro amor é *bem-querer*.

Considero que esses sinais de verdadeiro amor constituem um padrão extremamente alto. A maioria de nós carece de alguns itens desse padrão na maioria dos relacionamentos. Mas outros não estão sequer perto disso. E aí alguma coisa acontece, e a razão de tudo era nos dar o que precisávamos para encontrar um amor verdadeiro como esse.

Foi o que aconteceu comigo.

A batalha pelo amor

Na Europa da guerra, homens e mulheres estavam ansiosos por conquistar segurança e união. Foi isso que fez minha mãe e meu pai ficarem juntos, não o amor. O mesmo mundo turbulento que os uniu criou também as condições estressantes que os separaram. Meus pais se divorciaram um pouco antes de eu completar quatro anos. Depois do divórcio, minha mãe veio para a América e nos estabelecemos em Nova York. Eu lhe implorava para que me desse um novo pai. Eu desejava desesperadamente o amor que achava que existia, se minha mãe se casasse e nós voltássemos a ter uma família.

Eu tinha seis anos quando ela anunciou aos quatro ventos que eu tinha um novo pai. Ela fora uma mulher solteira, uma refugiada, uma sobrevivente, com duas crianças pequenas. O homem com quem ela se casou era bem mais velho do que ela e procurava alguém que cuidasse dele e o ajudasse em seu pequeno negócio. Resumindo: não se tratava de uma união por amor.

O casamento deles se parecia mais com uma luta de boxe. Desde o início, eles pareciam se odiar e não faziam nada além de berrar um com o outro. Hoje em dia, como uma profissional que trabalhou com centenas de casais, vejo que eles simplesmente tinham um péssimo relacionamento e nunca deveriam ter se casado.

Passei a maior parte de minha infância vendo-os brigar e sonhando com a possibilidade de um amor verdadeiro. Quando você começa a pensar sobre o amor verdadeiro, surgem milhares de questionamentos. Você começa a examinar cada cédula para ver se não é falsa. Então, eu não tinha muita certeza de que minha mãe *me* amava. Ela cuidava muito bem de minhas necessidades físicas. Eu nunca fui maltratada, mas faltavam o aconchego e a aceitação de mãe que você espera.

Não posso criticar essa mulher que comeu o pão que o diabo amassou e que salvou minha vida com sua luta para nos manter vivos. Sei que ela fez tudo que pôde, diante dos poucos elementos de que dispunha para apoiá-la. Acho que ela nunca recebeu nenhum afeto verdadeiro. O que ela sabia sobre afeto era o que alguém que vivenciou as mesmas condições pode saber: a mais velha de sete irmãos e irmãs, seus pais eram pobres trabalhadores agrícolas que trabalhavam em terras alheias, ela tinha de cuidar de todos e ninguém para cuidar dela. Depois, aos nove anos, foi embarcada num navio para trabalhar como serviçal em alguma outra família e seu primeiro e único amor morreu antes mesmo de se conhecerem de verdade, antes de completar 17 anos. E foi maltratada por todos os homens que conheceu.

Assistir às brigas de minha mãe e meu padrasto e sentir fome por amor foram acontecimentos que eu poderia qualificar como negativos em minha vida. E eu costumava me perguntar como uma coisa assim poderia ter algum significado.

Agora, sei que aquilo tinha realmente um significado positivo e um valor verdadeiro para mim. Escute só o que aconteceu como resultado de tudo isso. Eu me casei aos 20 anos e ainda estou casada com o mesmo homem. Nem sempre foi fácil, mas sempre tive como prioridade máxima manter nosso amor saudável.

Para mim, está claro que a razão pela qual fui privada de uma atmosfera de amor quando era criança foi para que eu pudesse entender a importância do amor – para mim e para todos nós. Você poderia dizer: *E quem não sabe disso?* Bem, isso não era algo tão óbvio assim para uma pessoa como eu. Gosto de ficar sozinha, gosto de trabalhar duro, não gosto de distrações. Eu sou estranha. Poderia facilmente nunca ter encontrado alguém para amar, poderia ter arruinado todos os meus relacionamentos, dando a eles uma prioridade mínima. Mas a lição que aprendi ao crescer me possibilitou ter amor em minha vida – eu me comprometi em fazer o que fosse necessário para encontrar o verdadeiro amor e mantê-lo saudável.

Portanto, minha experiência com o amor na infância tinha um significado para mim, não por causa da natureza da experiência, mas em razão de minha própria natureza. Talvez, quando nasci, os responsáveis pelo *Jardim-de-infância Cósmico* me olhassem e soubessem exatamente o tipo de lição que alguém como eu precisaria aprender. Não estou dizendo que as coisas funcionem dessa maneira, mas tudo leva a crer que sim.

Entender a verdadeira importância do amor é um dos significados dos eventos em minha vida. Sinceramente, fiquei um pouco chocada quando entendi isso. *Eu?!* Eu tinha um casamento feliz, eu era uma terapeuta de casais, havia escrito três livros sobre relacionamentos. Mas o orgulho não cabe no *Jardim-de-infância Cósmico*. Nada elimina mais a possibilidade de aprender do que o orgulho, porque ele não o deixa ver que existe algo além do que você poderia aprender. Quando me livrei do orgulho, entendi que, para mim, a necessidade de reaprender as lições do amor era infinita.

Portanto, quando entendemos as lições que o *Jardim-de-infância Cósmico* designou para o nosso aprendizado, deveríamos nos sentir felizes. Se essas lições guardarem relação com o encontro do verdadeiro amor, isso significa apenas que seu futuro será muito melhor do que seu passado.

As lições estão em toda parte

A vida sempre faz com que as coisas aconteçam às pessoas para que elas entendam a importância do amor. As lições podem vir de qualquer lugar. Conheci uma linda atriz, Susan, que descobriu que era estéril. Quando o namorado dela descobriu, terminou o namoro. Foi uma rejeição extremamente dolorosa. Durante muito tempo, ela não conseguia deixar de pensar que era estéril, inútil, que não era uma mulher de verdade, que nunca alguém iria querer ficar com ela.

Mas tudo tem uma razão de ser. Durante anos, Susan sofreu com os homens que a queriam por motivos duvidosos. Seu "problema": não só ela era linda, mas tinha um jeito doce e amigável. Mal a conhecia, um homem sabia que era extremamente fácil, não no sentido de ir para a cama, mas no sentido de que seria um relacionamento que daria muito e exigiria pouco dele. Em outras palavras, Susan vivia atraindo homens superficiais, egoístas e egocêntricos.

E agora ela teria de revelar aos possíveis namorados sobre sua infertilidade. A princípio, isso parecia uma cruz terrível de carregar, mas, na verdade, foi uma dádiva. Certamente, muitos homens cairiam fora quando soubessem, mas estes seriam exatamente o tipo de homem que a faria sofrer. Mas alguns, apesar de tudo, permaneceriam e diriam: *Bem, nunca esperei que fosse uma coisa fácil, mas por você vale a pena.* Esses homens estavam dispostos a pagar o preço.

E isso ajudou Susan a entender a verdadeira importância do amor. Antes, ela se sentia atraída por homens extremamente superficiais, que ela usava para impressionar as amigas – ou seja, homens que reforçavam a idéia de que o amor duradouro era a última prioridade num relacionamento com ela. Agora, ela era obrigada a ser mais seletiva, a dedicar sua atenção àquilo que era mais importante no amor, pois ela não iria mais se envolver com homens que não valorizassem o que era mais importante no amor para ela.

Agora, você pode se perguntar se existe alguém que precisa de ajuda para entender a verdadeira importância do amor. Não é verdade que todos nós cultuamos o altar do amor?

É possível que estejamos servindo a esse altar, mas é só da boca para fora. Falamos sobre a importância do amor, mas depois permitimos a entrada de muitas outras prioridades. O resultado é que, se olharmos nossas vidas como realmente são, geralmente encontraremos pouco amor verdadeiro, o amor que realmente nos aproxima, o amor que nos faz sentir bem conosco e faz brotar o que há de melhor em nós, o amor baseado no verdadeiro ato de gostar e respeitar o outro.

Não é de admirar que precisamos sempre de uma lição sobre o amor. Vamos entender qual é a lição no seu caso.

"O que eu gostaria de ter feito diferente"

A lição aponta para a idéia de que você precisa levar o amor muito mais a sério e realmente mostra que você deveria insistir no amor de qualidade. Se você respondeu "sim" a quatro ou mais perguntas do questionário deste capítulo, você já está atento a isso. Então, você já sabe: de agora em diante, nada menos do que o verdadeiro amor.

Esta é uma lição extremamente valiosa. Muitas pessoas dizem que sabem o valor do amor, mas ter um relacionamento bem-sucedido é um processo complexo e misterioso. O oposto é verdadeiro. Vejo isso em meu trabalho diariamente. A maioria das pessoas *tem* muitas informações sobre como tornar seu relacionamento satisfatório, mas elas não dão *prioridade máxima* às atitudes que garantem o verdadeiro amor. Elas sabem o que fazer, mas não o fazem.

Al era meu paciente. Com o tempo, descobri que era uma pessoa genuinamente boa. Ele nunca seria capaz de magoar alguém de forma deliberada. Mas vou contar o que aconteceu no dia de seu casamento. Após a cerimônia e a recepção no clube, ele estava muito feliz. E por que não estaria? Ele acabara de se casar com a mulher mais linda e maravilhosa do mundo. Ele se sentou com os amigos no gramado para fumar um cigarro, desfrutando de toda felicidade que sentia. À medida que o tempo ia passando, a noiva o esperava dentro do clube. Ela havia combinado com Al que fariam um ritual romântico: ele entraria por volta das dez da noite e a ajudaria a tirar o vestido de noiva. Mas Al se esqueceu disso e não foi ao encontro. Mas a noiva nunca esqueceu como teve de pedir à mãe que a ajudasse a tirar o vestido e como ficara decepcionada por isso. Al sabia o que fazer, mas não deu a devida prioridade.

É por isso que precisamos de um alerta. Assim como Al, de uma forma ou de outra, estamos sempre perdendo oportunidades em nossos relacionamentos.

Lições de amor sob medida

Os eventos à sua volta também lhe dão um sinal valioso sobre o que exatamente você precisa fazer para trabalhar de forma mais séria e inteligente para trazer o verdadeiro amor à sua vida. Em seu caso, qual é o sinal?

Eis aqui como "interpretar" um desses acontecimentos para saber de que você precisa para encontrar o verdadeiro amor. Um episódio o alerta para a qualidade do amor em sua vida. (Você sabe disso por causa de suas respostas às perguntas do questionário deste capítulo.) Pode ser qualquer tipo de acontecimento, mas geralmente não tem nada a ver com amor.

Pergunte a si mesmo o que você teria feito de diferente em relação a esse acontecimento. Sua resposta seria algo parecido com *Se eu tivesse pelo menos prestado mais atenção àquilo que eu realmente precisava* ou *Se pelo menos tivesse sido mais honesto com a pessoa que realmente sou.*

Agora, você tem de retirar esse *pelo menos* e apontá-lo na direção do futuro. Em vez de pensar sobre o que você desejaria ter feito de forma diferente no passado, reflita sobre como pode fazer no futuro. *De agora em diante, vou prestar mais atenção àquilo que realmente preciso e assegurar que minhas necessidades sejam atendidas* ou *De agora em diante, em todos os meus relacionamentos, serei mais honesto em relação à pessoa que verdadeiramente sou, mesmo que ache isso um pouco assustador.*

Você não pode consertar o passado, mas pode colocar sua vida nos trilhos se fizer, no futuro, o que gostaria de ter feito no passado.

Homem é atingido na cabeça por um vaso de planta

Eis um exemplo de como o *Jardim-de-infância Cósmico* nos ensina as lições sobre o amor. Louis, um rapaz com quem conversei durante a pesquisa sobre o significado dos acontecimentos, estava andando na Park Avenue, em Nova York. Um pequeno vaso de planta caiu de uma janela, atingiu-o na cabeça e o deixou desacordado. Se tivesse sido algo mais pesado ou tivesse caído de uma altura maior, ele teria morrido.

Enquanto Louis respondia às perguntas do questionário, ficou claro que o significado do que aconteceu tinha algo a ver com o que ele precisava para encontrar o verdadeiro amor. Mas qual era a lição específica que precisava aprender? E como você entende essa lição quando é atingido na cabeça por um vaso de planta?

Perguntei a Louis o que gostaria de ter feito de maneira diferente em relação àquela experiência. Ele respondeu:

– É engraçado que você tenha perguntado isso. Não há nada que poderia ter feito diferente. Eu só estava andando pela rua. Mas aconteceu: quando retomei a consciência e finalmente entendi o que se passou, o primeiro pensamento que tive foi que poderia ter morrido ali. E *depois* pensei: *Gostaria de dar mais atenção à minha esposa.* Somos muito mesquinhos com as pessoas que amamos, às vezes porque achamos que vamos viver para sempre e que teremos todo o tempo do mundo para consertar as coisas. Mas é claro que não teremos. Se posso morrer a qualquer momento, então minhas palavras mesquinhas e egoístas podem ser a última lembrança que minha esposa terá de mim.

O *pelo menos* de Louis foi *Se pelo menos eu tivesse sido mais delicado com minha esposa.* É fácil interpretar isso como o que ele precisa fazer de modo diferente no futuro para que o amor em sua vida seja verdadeiro: ser mais delicado com sua esposa. É óbvio.

O significado de um fato que o envolva não surge a partir do acontecimento; ele vem de você e das lições que você tem a aprender. Mas, quando você sabe, pelas respostas que deu às perguntas do questionário, que o significado para você tem a ver com a obtenção do que é necessário para encontrar o verdadeiro amor, você vai querer conhecer suas lições. E é aí que você pode se voltar para o acontecimento, seja o que for.

> *Pergunte a si mesmo: que erros ou omissões em minha vida este acontecimento está me sinalizando ou me fazendo recordar? O que eu gostaria de ter feito diferente enquanto passava por aquela situação? Suas respostas lhe mostrarão o que precisa fazer para que possa ter uma melhor qualidade de amor em sua vida.*

Foi o que Louis fez. Se ele pôde fazer isso em relação a um vaso de planta que caiu sobre sua cabeça, podemos fazer o mesmo em relação a qualquer evento.

A lição mais importante

A essa altura você já sabe como interpretar um acontecimento em particular, aquele cujo significado você estava procurando, para saber o que fazer para encontrar o verdadeiro amor. Isso auxilia na compreensão das lições específicas que o *Jardim-de-infância Cósmico* estava tentando lhe ensinar. É claro que todos aprendem a lição de forma diferente. Além disso, existe uma lição que surge para tantas pessoas e de forma tão clara que vou poupar seu trabalho de procurá-la. Se por alguma razão você não consegue saber o que teria feito de forma diferente no passado para que possa aplicar a seus futuros relacionamentos, aplique esta lição e você não cometerá nenhum erro:

> *O amor é mais rico, mais genuíno, mais duradouro quando você se dedicar a ser você mesmo e fazer tudo o que puder para que o outro possa ser o que é.*

A verdade sobre quem você é e o que precisa virá à tona de qualquer jeito. Quanto antes ela aparecer, mais cedo você poderá tomar o caminho para encontrar o verdadeiro amor.

Foi o que Jeniffer descobriu. Na primeira vez em que conversei com ela, ela com 44 anos e uma aparência leve e solta, da cintura para baixo, de botas e *jeans*, como alguém que gosta de caminhar nas montanhas. Mas, da cintura para cima, usava uma suéter amarela e pérolas.

Cinco anos antes, seu marido morrera ao retornar de uma viagem de negócios, num acidente de avião, que caiu ao decolar. Ela ainda estava de luto. Enquanto conversávamos, ela me deu a impressão de que ela e o marido tinham um desses casamentos de ouro, viviam felizes, amavam-se e tinham uma vida inteira pela frente. Em um minuto, seus sonhos e seu futuro foram despedaçados. Tudo o que ela podia fazer era seguir em frente na tarefa de educar o filho.

Mas, em algum nível, ela nunca fora capaz de voltar à vida normal. A completa insensatez da morte do marido deixou Jennifer extremamente vulnerável. Se tudo aconteceu por nenhuma razão, dizia ela, então nada fazia sentido. Para que planejar? Para que ter esperança?

Eu podia ver o que estava em jogo para ela. Ela passaria a vida emocionalmente mutilada pelo que acontecera ou encontraria um jeito de fazer as pazes consigo e finalmente ser capaz de abraçar a vida que tinha de viver? Isso faria toda a diferença entre estar só pelo resto da vida e encontrar o verdadeiro amor novamente, entre sentir que estava enterrada no limbo e sentir-se viva novamente.

– Não me entenda mal – disse Jennifer. – Eu me acho uma pessoa positiva, amo a vida e não me sinto culpada por ser feliz. Só que... você sabe, quando Edward morreu, fiquei perdida na escuridão, e depois as coisas começaram a clarear e eu achei que conseguiria pegar o caminho de volta para a claridade. Mas fiquei presa à melancolia. Esta é a razão pela qual vim procurá-la: para encontrar a luz novamente.

Enquanto conversávamos, tive a sensação de que nem tudo tinha sido perfeito no relacionamento de Jennifer e Edward. Este foi um sinal de que existiam coisas que Jennifer precisava aprender. O *Jardim-de-infância Cósmico* pode ser uma escola para teimosos. Ele o mantém lá até você aprender a lição que precisa aprender. É por isso que muitos de nós ficamos paralisados na vida. Aprender, já! Só depois você poderá seguir em frente.

Não demorou muito e Jennifer se abriu comigo:

– Quando meu marido morreu, tive todos esses arrependimentos. Meu Deus, toda vez que eu ficava furiosa com ele, toda vez que ele queria fazer amor e eu o dispensava por algum motivo tolo, eu me arrependo de tudo. Mas são apenas bobagens que todo mundo faz. Eu também comecei a pensar mais profundamente sobre meu casamento e comecei a ter esse arrependimento totalmente novo, que até agora não consigo me perdoar, que eu não era realmente autêntica com Edward. Na maior parte do tempo, eu só tentava ser o tipo de pessoa que ele queria que eu fosse. Depois, às vezes, eu tinha um ataque e agia de forma mesquinha. Mas nenhuma daquelas pessoas era eu de verdade. Acho que sou uma pessoa mais sonhadora, mais tola, mais romântica do que mostrava para ele. Gosto muito mais de ficar ao ar livre, coisas desse tipo. E a razão pela qual isso ainda me deixa triste – lágrimas começaram a rolar pelo seu rosto – é que... será que algum dia fomos realmente casados? Será que ele me amou de verdade, já que nunca me conheceu de fato?

– Então, você se arrepende de não ter mostrado a ele seu verdadeiro eu. Tudo bem. Então, o que você vai fazer de diferente da próxima vez? – perguntei-lhe.

– O que você quer dizer com a próxima vez? Não existe próxima vez.

– Sabe, é por isso que você está paralisada. Você não pode nem imaginar uma próxima vez porque não admite a lição que precisa aprender. Você foi pega num paradoxo. Quanto maior a lição que precisa aprender, mais você pensa que ela invalida seu casamento com Edward; pelo menos, é disso que você tem medo, e menos você quer aprender essa lição. Sua dor genuína é a validação que seu casamento precisa. Agora, você precisa pensar em seguir em frente, mas isso não será possível até que você aprenda a lição que está bem aí na sua frente. Você já disse qual é.

– Você tem razão. Realmente não ousei imaginar a possibilidade de ser eu mesma num relacionamento. Acho que era medo. Que idéia mais ameaçadora: ser eu mesma.

E foi isso. Para muitas pessoas, esta é a pergunta mais ameaçadora que podem imaginar: continuarei a ser amado se mostrar meu verdadeiro eu? Mas, se você mostrar quem você realmente é e for rejeitado, isso lhe causará dor, sim, mas pelo menos não passará a vida se escondendo. Se você mostrar quem é e for amado, então saberá que é amado de verdade, e que esta é a única forma de sentir isso.

Por essa razão, a decisão radical de ser autêntico surge com tanta freqüência para as pessoas que passaram por situações de extremo sofrimento: despertá-las para a importância de encontrar o verdadeiro amor. É difícil, é arriscado, mas, se você não mostrar quem realmente é, nunca se sentirá amado de verdade e nunca conseguirá oferecer todo o amor de que é capaz.

Se você parar um momento para pensar no assunto, verá que isso faz muito sentido. Para que serve o *Jardim-de-infância Cósmico* senão para ajudá-lo a se tornar melhor e mais autêntico? E em que lugar do mundo é mais importante para isso acontecer do que no território do amor?

Sólido como uma rocha

RAZÃO 7: PARA AJUDÁ-LO A SE TORNAR MAIS FORTE

"O que não mata fortalece." Estamos acostumados à idéia de que as dificuldades da vida nos fortalecem. Só existe um problema: se eu lhe disser que você passou por um problema sério para poder se tornar mais forte, você vai querer saber forte *como?*

Quando conversei com as pessoas que finalmente entenderam que a verdadeira razão de terem passado por uma determinada situação era tornarem-se mais fortes, todas disseram que a razão era fortalecerem-se de um determinado jeito. A perda ou a provação por que passaram não só lhes deu uma força especial, mas também a resistência necessária para as futuras etapas em suas vidas.

Talvez isso tenha ocorrido para testar seu grau de paciência. Mas essa situação lhes ensinou como ser pacientes, e isso era perfeito, porque estavam a ponto de se tornarem pais.

Talvez tenha acontecido algo que fez com que elas se arrependessem muito de não terem dado ouvido a si mesmas. Mas isso as fez ver como é essencial ouvir a si mesmas sempre que tomarem uma decisão, e isso era exatamente o que precisavam passar numa fase de mudança.

Talvez tivessem uma doença cardíaca ou uma ameaça de câncer. Mas isso as obrigou a começar a fazer exercícios, alimentar-se melhor e cuidar melhor de seus corpos, e era exatamente o que iriam precisar ao chegar à meia-idade.

"Por que sua vida não seria cheia de dádivas?"

Três semanas depois da graduação, Sandi casou-se com o rapaz que namorara nos últimos quatro anos. Dez anos depois, ela se deu conta de que havia passado todo esse tempo com um homem chato que ela não amava e que não a fazia feliz. Ela sabia que seu relacionamento tinha acabado, mas, mesmo assim, não conseguia dar um fim a ele.

O que deteve Sandi foi seu sentido de insignificância de tudo. Como ela podia realmente ter jogado fora seus vinte e tantos anos se envolvendo com o homem errado? Sandi sentia que tinha de permanecer naquele relacionamento simplesmente para evitar aquele sentimento de que havia desperdiçado todos aqueles anos por nada.

É assim que acontece com muitos de nós. Até acharmos um jeito de extrair o significado do que acontece em nossas vidas, não conseguimos acreditar em nós mesmos ou em nossos futuros, e aí ficamos paralisados.

Sandi conversava incessantemente com seus amigos a respeito de seu casamento. Quando ela revelou que aquele relacionamento não lhe trazia nada de bom, todos a encorajaram a se separar. Quando ela disse que odiava a idéia de que tudo fora um grande desperdício, todos a aconselhavam a permanecer no casamento e, talvez, tentar consertá-lo. Sandi se sentia extremamente confusa.

Finalmente, ela decidiu falar com sua avó sobre seu dilema. Esta foi uma etapa importante, porque sua avó era a matriarca da família. Tinha cerca de 20 anos quando chegou sozinha aos Estados Unidos, vindo da China. Ela abrira uma pequena porém bem-sucedida empresa de importação de artesanato chinês por atacado. Sandi se lembrava de que, quando era criança, trabalhava no *showroom* de sua avó, arrumando as vitrines, e, mesmo quando ela esbarrava numa pilha de mercadorias cuidadosamente arrumada, sua avó nunca se zangava com ela.

A avó não teve a menor reação quando Sandi lhe contou sobre seu casamento incerto. Ela foi direto ao ponto:

– Você deveria ser feliz. Por que viver se você não pode ser feliz, certo? Você é uma menina linda e pode encontrar alguém que a faça feliz. Mas sei porque você não consegue deixar seu marido. Você acha que todos esses anos foram um grande desperdício e você não quer pensar assim. Mas eu não acho que esses anos tenham sido desperdiçados. Para mim, eles foram uma dádiva.

"Eu me lembro de quando você estava no colegial e na faculdade: você não tinha autoconfiança. Era isso que eu percebia. Quando você tinha 19 anos, era como se tivesse nove. Eu me lembro de ter pensado: *Tudo bem, minha pequena Sandi vai levar muito tempo para se tornar uma mulher que se sente forte o suficiente para ficar de pé sozinha.* E agora você está aí, achando que seu casamento foi um desperdício e sem nenhum significado. Por que você tem tanta certeza de que seu casamento não teve sentido algum? E se ele tiver sido uma dádiva para você, exatamente a dádiva que estava precisando? – E sua avó fez um gesto com os braços abertos, como se dissesse: *Olhe só quantas dádivas existem aqui nesta sala – por que sua vida não estaria cheia de dádivas?"*

– Como assim, uma dádiva para mim? – Sandi perguntou. – Jogar fora meus 20 anos com um marido que não era adequado para mim? E não temos filhos nem futuro?

— Você é tão fechada – sua avó disse. – Muito triste para alguém tão jovem. Mas suponha que você tenha sido salva desse inferno. Suponha que aquela garotinha de nove anos no corpo de uma mulher de 19, uma mulher sem autoconfiança, tenha passado todos esses anos saindo com vários homens. Eu já fui jovem, sei como são essas coisas. Quando você não tem autoconfiança, os homens conseguem tirar toda a sua energia. Você era uma garotinha tão assustada, e depois você iria sofrer por causa de todos aqueles namorados. Onde estaria sua autoconfiança, então?

"Mas você era muito esperta, apesar de achar que era boba. Você dizia: *Tudo bem, se sou tão insegura, vou me dar um tempo.* Como você foi esperta! E aí você se casou e isso a libertou de todo o medo e insegurança que teria precisado enfrentar na condição de mulher solteira. O que você fez durante os últimos dez anos? Estou muito orgulhosa de você. Você foi muito bem-sucedida no trabalho, você se concentrou em seu trabalho porque você era livre e porque era casada. Isso lhe deu a base de que precisava – a confiança que você adquiriu do sucesso que conseguiu no trabalho lhe deu a força necessária para encontrar o homem certo. Entende? Você é ou não é uma menina esperta?"

Pela primeira vez, Sandi sentiu que conseguia entender o clichê quando todos os seus amigos lhe diziam: "Tudo tem uma razão de ser." Não era um clichê se realmente existisse uma razão. E a avó de Sandi lhe mostrou a razão.

Por que ela não fora capaz de entender isso sozinha? Como muitos de nós, Sandi foi pega pensando que acontecimentos negativos só têm significados negativos. Ela olharia para algo negativo que lhe aconteceu como se fosse uma árvore ruim que só pode dar frutos ruins. Mas os acontecimentos que tentamos entender não são a árvore. A árvore é a nossa vida. E, a cada dia que passa, vejo que nossas vidas foram feitas para nos dar bons frutos.

Uma base mais sólida

A melhor forma de saber que o que se passa à nossa volta está rendendo bons frutos é olhar para aquilo de que precisamos. Sandi precisava de uma oportunidade e de tempo para fortalecer sua autoconfiança. Talvez haja algum ponto específico do qual você precise para se tornar mais forte, e talvez sua vida já tenha lhe mostrado isso.

Você se encaixa nessa categoria? Eis aqui uma opção de saber com certeza. Responda às seguintes perguntas:

* Já sofreu muitas perdas em sua vida?
* Tem problemas de baixa auto-estima?
* Tem dificuldade de identificar as coisas que não podem ser retiradas de sua vida?
* Já teve a experiência de que a maioria das coisas em sua vida é temporária – relacionamentos, amizades, empregos etc.?
* Tem muito medo de perder o que tem?
* Está louco para obter algo para o qual você realmente tem talento?
* Sente que algo de importante está faltando em seu âmago?
* Sente que sua capacidade de seguir adiante em busca de seu futuro está bloqueada?

Se você respondeu "sim" a quatro ou mais dessas perguntas, isso revela que existe um motivo para o que lhe aconteceu, e é para ajudá-lo a se tornar mais forte de algum modo específico. E isso é verdade, não importa qual tenha sido o acontecimento, porque o significado vem de quem você é e do que precisa, não do acontecimento em si.

Como posso dizer que essas perguntas determinam se o significado de algum episódio é para lhe permitir tornar-se mais forte? Conversei com muitas pessoas que descobriram que se tornar mais forte era o significado do que lhes acontecera. E elas também teriam respondido "sim" a quatro ou mais das perguntas listadas anteriormente.

Muitas pessoas são mais fortes do que pensam. Ficamos amedrontados, oprimidos e tristes, e todas essas emoções nos fazem pensar que somos fracos. De vez em quando, elas nos dão uma pancada nas costas, mas depois nós nos recuperamos, lutamos e vencemos.

Não deixe que seus sentimentos o façam pensar que é mais fraco do que você realmente é. Mesmo assim, muitos de nós ainda precisamos nos fortalecer. E a razão é a seguinte:

Um alicerce é um trampolim

Precisamos nos tornar mais fortes porque precisamos extrair mais coisas de uma base. Um alicerce lhe dá base para algo mais acima e além dele, tal como o alicerce de concreto sob sua casa é a base dela. Certas habilidades no aprendizado básico do tênis constituem a base para o jogo de tênis. Ter um bom alicerce em habilidades pessoais é parte da base para uma carreira empresarial bem-sucedida. Logo, você pode ter precisado de um alicerce forte de alguma forma por demandar uma base para fazer algo inovador ou por não ter base para realizar algo muito importante para você.

E é por isso que as coisas acontecem conosco de vez em quando – para nos dar uma força especial que torne possível um novo futuro.

Para todo mundo, crescer é um processo que dura a vida toda. Conheço pessoas com 80, 90 anos, que ainda estão juntando os pedaços que faltam em seu desenvolvimento. E, felizmente, a vida sempre lhe traz ajuda quando você precisa dela. Quando Sandi, por exemplo, se tornou adulta, sua autoconfiança ainda era uma tarefa em desenvolvimento. O *Jardim-de-infância Cósmico* veio para ajudá-la e fez com que Sandi pudesse estruturar sua confiança no trabalho. Ela, então, adquiriu um sentido geral de confiança, para ser capaz de seguir adiante e encontrar o tipo de relacionamento que desejava.

Quando você pensa em tudo que está tentando fazer agora e em tudo que pode ser importante para você fazer no futuro, é necessário um alicerce bem amplo para sustentar tudo isso. Portanto, não é de se estranhar que exista uma parte de seu alicerce que precise ser fortalecida. Que parte é essa? Qualquer parte.

Pode ser algo extremamente específico. Por exemplo, seu pai foi transferido para Paris quando você era adolescente e você passou quatro anos terríveis, seus preciosos anos colegiais, estudando na França. *Quelle dommage!** Mas tudo tem uma razão de ser. Você aprendeu muito bem o francês. Isso não parece ter tanta importância, uma questão de alicerce. Mas, de alguma forma, isso o levou a uma escola ótima e abriu as portas para uma carreira em leis internacionais, que era muito interessante e perfeita para você.

O alicerce pode ser colocar sua vida sobre uma condição mais sólida. A empresa de Joe o transferiu para um local isolado numa região rural. Durante seis anos, ele achou que ficaria maluco porque lá não havia nada para fazer. "Por que estou sendo punido desse jeito?", ele não parava de se perguntar. Mas tudo tem uma razão de ser, e seis anos sem nada para fazer representam seis anos sem ter como gastar dinheiro. Pela primeira vez na vida, Joe foi capaz de economizar uma quantia considerável, o que lhe deu uma base financeira que ele nunca tivera.

---

*Em francês: "Que desastre!" (*N. da T.*)

O alicerce pode ser o desenvolvimento de uma força interior. Conheço uma mulher que cresceu com um pai alcoólatra e viu seus irmãos mais velhos se tornarem beberrões e se meterem em encrenca. Ela viveu anos naquela miséria e naquele sofrimento. Mas tudo tem uma razão de ser. Ela entendeu que as pessoas precisam de uma base de felicidade em suas vidas e que a felicidade é uma questão de escolha. Ela via que os homens de sua vida escolhiam ser infelizes. E isso dava a ela uma força surpreendente: isso lhe possibilitou escolher ser feliz, uma escolha que ela passou a fazer todo santo dia a partir daquele momento.

As forças estruturais são as sementes dos novos futuros. Mas que futuro? Como você faz para descobrir que o episódio que lhe aconteceu o fortaleceu de maneira a lhe garantir um novo futuro?

Algo que não pode ser tirado de você

Adam, 29 anos, era meu paciente. Era um homem calado, agradável, firme e pensativo que estava começando sua carreira em história da arte numa grande universidade. Ele veio a meu consultório porque estava passando por uma crise que o pegou desprevenido. Gostei dele de cara. Ele havia se casado recentemente com uma mulher que amava muito e com quem queria construir uma família. Mas, depois do casamento, ele se viu em meio a depressão e estranhamente resistia à idéia de ter filhos.

— Por que isso está acontecendo comigo? – ele perguntou. Isso sempre acontece no meu trabalho com as pessoas: um belo dia, elas acordam e se encontram atados num nó e vêm a meu consultório para entender como tudo se tornou um grande emaranhado e o que podem fazer para resolver a questão.

Acreditamos que todo mundo tem uma infância de algum jeito. Adam perdeu a maior parte de sua infância porque nascera com múltiplos problemas cardíacos congênitos que foram diagnosticados e tratados de forma inadequada, no estágio inicial. Dos cinco aos 11 anos, Adam era semi-inválido. Ele era incapaz de ir para a escola ou brincar ao ar livre com outras crianças. Era como se sua vida tivesse um imenso buraco.

Como a maioria das crianças, Adam se acostumou com a ajuda que recebera quando era criança. No entanto, entrar para a família de sua nova esposa o fazia lembrar-se do quanto ele havia perdido. Ele tomava conhecimento de todas as histórias e filmes de sua esposa com as irmãs brincando animadamente quando eram crianças. Como ele mesmo disse:

— Quanto mais tempo eu passava com a família de minha esposa, mais deprimido eu ficava. É como se eu nunca tivesse percebido o quanto havia perdido e tivesse de passar por toda aquela tristeza novamente. Mas era o tipo de perda que parecia permanente e incurável. Toda vez que eu via a família de minha mulher, eu me lembrava das coisas que nunca tive. — Ele fez uma pausa. — E as coisas de que ainda preciso.

Adam tentou me expor tudo:

— Não sinto pena de mim mesmo. Mas a questão é que, para mim, ainda existe este *mistério*. Comparo minha falta de infância com a infância maravilhosa de minha mulher; isso não significa nada?

— Por que você não tenta isso? — sugeri. — E se nós simplesmente *pensarmos* que não sabemos a razão por que algo nos aconteceu, como, por exemplo, perder todos esses anos de sua infância? E se, no fundo, realmente sabemos e mostramos isso pelo jeito que vivemos? Suponha que olhássemos para o que você está fazendo na vida e disséssemos que é onde você encontrará a resposta para a pergunta "O que eu aprendi de tudo isso?". Quando você entender o que aprendeu, entenderá a razão por que passou por esse problema.

– O que aprendi? – Adam parou um pouco para pensar. – Às vezes, penso que nunca cresci mais do que os livros de histórias que eu lia quando era um garoto preso à cama. Quando estava na faculdade, passei a amar pintura. E fiz um breve curso de introdução à história da arte e a professora *conhecia todos os quadros que já tinham sido pintados na face da Terra*. E aí pensei: *Caramba, é isso que quero fazer de minha vida.* Você olha para todos esses quadros maravilhosos e *conhece tudo*. Meus colegas também amam muito a arte, mas acham um tédio e um excesso o fato de existir tanto para se conhecer. E isso é justamente o que me atrai.

– Tudo bem. E quando você souber tudo sobre história da arte... e daí?

– Volto a procurar meus professores que sabiam tudo. Eles são sólidos como uma rocha. Se você tem uma teoria, alguém pode provar que ela está errada. Mas, se você conhece todas as imagens criadas por Rafael ou Rembrandt e centenas de outros pintores desconhecidos, isso nunca poderá ser tirado de você. Jamais. – E as lágrimas começaram a rolar pelo rosto de Adam.

– Agora, diga-me logo a primeira coisa que lhe vem à mente. "A razão de eu ter perdido minha infância foi..." Qual foi?

– A razão de eu ter perdido minha infância foi para aprender que posso perder quase tudo, mas existem algumas coisas que não posso perder nunca, como o conhecimento de algo, e eu quero ter o máximo possível disso. E então, de alguma forma, ainda serei forte, e isso não poderá ser retirado de mim. – De repente, ele se calou. Ele percebeu que havia encontrado o que procurava.

– Então, isso dá um significado muito especial ao conhecimento que você adquiriu, não dá?

— Deve ser por isso que ainda tenho tanto interesse em conhecer tudo sobre arte. Sempre que aprendo algo que não sabia, sinto-me mais seguro e mais forte.

— Ainda não terminamos, Adam. Por que você? Ou seja, por que será que isso é tão importante para você?

— Eu era aquele garotinho franzino, baixo e negro e era muito calado. Eu era bom na escola, mas não era especial. Meu grande medo era de jamais ser bom em coisa alguma. Esta era a pergunta-chave: Aos olhos de meus pais, será que um dia eu me tornaria alguém ou nada? E isso era algo que me intimidava. Acho que a diferença é que, hoje em dia, não me preocupo em ser especial ou maravilhoso. Não me sinto mais pressionado. Só existe a arte, bela e interessante; e eu amo a arte. Mas eu precisava de um alicerce sólido, como as represas que os alemães construíram para conter o mar. Meu alicerce conteria minha sensação de perda, seria um seguro contra a perda. Conhecimento é algo que não se perde.

— Então, a razão de você ter perdido sua infância — disse eu — foi para aprender como é importante ter um conhecimento verdadeiro sobre algo, porque, assim, você teria uma força que jamais poderia ser tirada de você. Certo?

— Sim, acho que foi isso que aprendi. Acho que se isso não tivesse acontecido talvez teria sido uma dessas pessoas que simplesmente querem ser especiais. Conheço muitas pessoas desse tipo no mundo da arte. No fundo, elas estão desesperadas porque sabem que não são tão especiais assim. Mas, se você conhece ou sabe como fazer alguma coisa, fazer pão, por exemplo, ou qualquer outra coisa, isso é uma coisa tão concreta e sólida que você não tem de se preocupar sobre o quanto você é especial.

Juntar os pontos

Se estiver ansioso para descobrir o significado de algum episódio em sua vida, lembre-se de que agora você está no *Jardim-de-infância Cósmico* por um bom tempo. Talvez você já tenha descoberto o significado desse episódio e tenha feito bom uso dele, mas, como Adam, você simplesmente ainda não se deu conta disso.

Tudo que você precisa fazer é observar o que conseguiu de mais importante em sua vida até agora. Junte os pontos. Existe algum episódio realmente grave que aconteceu há pouco tempo (...) Você sabe que estava precisando ficar mais forte em algum sentido (...) Existe algo maravilhoso em sua vida neste exato momento, mesmo que seja apenas uma possibilidade. Então, tudo bem. Um episódio grave... ficar mais forte... uma vida maravilhosa neste momento. Simplesmente junte os pontos.

> *O episódio negativo lhe deu a força necessária em seu alicerce para possibilitar aquilo que é maravilhoso em sua vida neste momento.*

Por exemplo, um homem foi demitido, passou seis meses desempregado, conseguiu um emprego novo, foi demitido de novo, passou mais um ano desempregado, até que encontrou um bom emprego. Essa fase foi dolorosa e desafiadora (o *episódio negativo*). "Nunca mais", disse ele. Ele então se dedicou a voltar para a escola e melhorar suas habilidades (um *alicerce mais sólido*). Ao fazer isso, ele realmente criou um significado para o que tinha acontecido com ele, a partir do modo como reagiu à situação. Isso aconteceu há quase vinte anos e ele nunca parou de trabalhar e crescer (a *vida maravilhosa* que ele construiu para si mesmo).

Mas nem todo mundo tem facilidade de juntar os pontos. Esta é a razão pela qual nem todos conseguem ver o que existe para ser conectado. Todos que responderam "sim" a quatro ou mais perguntas do questionário se tornaram mais fortes de algum jeito. Este é o significado do que lhes aconteceu. Mas nem todos já desenvolveram esta força. Talvez seja por isso que você tenha tido dificuldade de juntar os pontos.

Este é seu caso? Os alicerces por si só são o tipo de coisa inútil, um elefante branco. Não há razão para se ter um alicerce sólido, a menos que você faça algo com ele. "E se for o meu caso?", você pode se perguntar. Bem, tenha calma, o importante é fortalecer seu alicerce. E se o significado do que lhe aconteceu for este, você o fortaleceu. Você já passou por todas as etapas, só falta uma. Mas, é óbvio, como o homem que corre para pegar o barco e cai na água, ou seja, é o último passo que o faz cair.

É provável que você esteja mais próximo do que imagina.

"Se eu pudesse apenas fazer isso..."

Eu estava entrevistando Lisa, uma jovem que perdera gradativamente quase toda a audição, com poucas perspectivas de recuperação. Nós nos comunicávamos por *e-mail*. Como a maioria das pessoas que sofre uma perda como esta na fase adulta, Lisa estava extremamente desmotivada. Pedi que ela respondesse às perguntas do questionário deste capítulo. Ela respondeu "sim" a todas as perguntas. Ela se sentia muito desconfortável – não conseguia entender como havia fortalecido seu alicerce. E tinha certeza de que não fizera nada para desenvolvê-lo.

Lisa disse o seguinte:

– Semanas depois que eu soube que ficaria surda, comecei a pensar: *Tudo bem, vou ter de compensar essa perda, do mesmo modo que Ray Charles compensou a cegueira se tornando um tremendo cantor e pianista.* Sabe, nós, deficientes, temos de encontrar a compensação. Mas como? Não sei cantar. Mas aí percebi que era *isso*. Não tinha de ser cantando. O importante é encontrar algo que eu pudesse fazer realmente bem. Quando eu estava na reabilitação, percebi, pela primeira vez, que era capaz de fazer algo bom de verdade. Então, o que faço agora? Quero fazer algo realmente bom, mas não sei o quê. Como pode isso ser o significado da situação pela qual passei, para me sentir bem e forte sabendo que quero fazer algo bom de verdade, mas sem saber o que é?

– Por que é tão importante para você fazer algo bom de verdade?

– Esta não é uma pergunta difícil de responder – Lisa afirmou. – Quero me sentir bem comigo mesma. Quero realizar algo, quero algo que não possa ser tirado de mim.

– Então, pergunte a si mesma: *O que você gostaria de ter em sua vida que não pode ser tirado de você?* Você disse que realmente se conectou com a idéia de alguma área de sua vida em que possa fazer algo de bom. Você pode tentar unir essas duas idéias: querer fazer algo realmente bom e querer ter algo que nunca pode ser tirado de você?

Lisa ficou um longo tempo sem responder. O tempo parou. De repente, ela deu um salto e disse:

– Doces!

– Sim...

– Quero aprender a fazer doces. Fazer cursos para me tornar uma autêntica *chef* de doces. Depois de saber que iria ficar surda, eu ia a um lugar a qualquer hora que pudesse e comia uma boa sobremesa em um bom restaurante. Acho que muitos de nós apreciam uma torta deliciosamente requintada, mas aí eu penso: *Caramba, alguém fez isso.* Todos nós temos momentos em que dizemos: *Ah, se eu pudesse fazer isso...* Não sei por que isso nunca me ocorreu antes. É isso o que quero fazer: ter uma verdadeira habilidade que nunca possa ser tirada de mim, e eu não consegui entender isso até agora.

Lisa continuou:

– Minhas dificuldades com a perda não vão deixar de existir. Talvez isso não seja algo racional, mas, quando algo muito ruim acontece, seu sentido de segurança acaba. Esta é a diferença entre uma pessoa como eu e outra pessoa qualquer. Algo me aconteceu e aí, não sei como explicar, a situação me *paralisou*. Mas eu quero sair da estagnação. Acho que tudo que aprendemos nos faz sair da estagnação. Tudo que nos dá um significado nos liberta de nosso passado e nos oferece perspectiva no futuro.

Tudo o que eu podia dizer era "Impressionante!".

Se você é como Lisa e sabe que a finalidade do episódio que lhe aconteceu foi seu fortalecimento, você também pode perguntar: "Para quê?"

A resposta é que agora é hora de sonhar. Se algo de grave o deixou ansioso por saber seu significado, e se você respondeu "sim" a quatro das perguntas do questionário, o episódio foi grave o suficiente para fortalecê-lo de maneira importante. E se você saiu fortalecido dessa maneira, então já tem a base para algo maior em sua vida.

> *O episódio lhe deu a força necessária em seu alicerce para possibilitar o próximo acontecimento maravilhoso em sua vida.*

Portanto, pelo amor de Deus, não estrague tudo agora. Permita-se sonhar e torne esse sonho realidade. E se você ainda não conhece seu sonho, veja como seu alicerce se fortaleceu. Provavelmente, esse novo alicerce está apontando diretamente para aquilo que você quer – algo que você ainda não foi capaz de admitir para si mesmo.

Talvez eu não devesse falar sobre sonho. Sabe, para a maioria de nós, não é necessário muito para termos a sensação de que redimimos nosso passado. Se for algo que lhe interesse ou que você goste de verdade e se desenvolve a partir de um alicerce fortalecido por sua perda, isso fará com que você se sinta como se tivesse redimido seu passado. Mas você tem de sair para o mundo e tornar seu sonho real.

Realizar o sonho

Um *insight* que não traz mudança é como um noivado sem casamento. É o fim; não há objetivo. *Insight* não é uma cura em si. Temos de transformar uma visão nova em uma vida nova e melhor.

Não estou dizendo que isso seja uma coisa fácil de se fazer. Não estou dizendo que saibamos sequer *o que* fazer de imediato. Mas confio plenamente que encontrar um jeito de mudar a nós mesmos ou nossas vidas seja o ponto crucial de nossa luta para encontrar o significado.

Portanto, não menospreze o significado do que lhe aconteceu deixando de construir o novo alicerce recebido.

Sei que isso nos mantém num padrão vicioso. É mais fácil pensar que algum grande *insight* somente irá reorganizar os neurônios em nosso cérebro e melhorar as coisas. Eu gostaria que fosse simples assim. Mas, antes de termos esse *insight*, praticamos atos que nos machucaram e levamos vidas que não eram adequadas para nós. Só o nosso *insight* não vai mudar o que fazemos e como vivemos. Somente a ação muda as coisas.

Pense assim: suponha que você esteja cultivando rosas e que elas comecem a morrer por não estarem sendo cuidadas de maneira adequada. Depois, imagine que você adquire algum conhecimento sobre o cultivo de rosas. Ótimo. Só que isso não vai fazer nada pelas rosas de seu jardim. Agora, você tem de usar o que aprendeu para ir lá e fazer algo diferente e novo por suas rosas. Só então elas voltarão a viver.

Já estamos nos divertindo?

RAZÃO 8: PARA AJUDÁ-LO A ENCONTRAR A ALEGRIA DA VIDA

Um dos comentários mais freqüentes que as pessoas fazem depois de passar por situações graves é: "Pelo menos aconteceu algo de bom: percebi que a vida é curta, portanto é melhor aproveitá-la."

Às vezes, a percepção é muito mais específica. Algumas pessoas relatam que suas dificuldades lhes ensinaram que a vida é preciosa demais para não ser saboreada; então elas precisam passar mais tempo viajando, pescando, dançando, saindo com os amigos, indo à praia, apaixonando-se, lendo bons livros ou o que for mais agradável para elas. É aí que a autenticidade e o prazer se encontram.

Você pode dizer: *Sim, mas esse negócio de "curtir a vida" não é apenas um clichê?* Talvez, para pessoas que já curtem a vida. Mas, como você verá com a história de Jim, não se trata de um clichê para pessoas que têm dificuldade em curtir a vida. Talvez seja o seu caso.

Jim passou por várias situações difíceis até descobrir que, para ele, ser autêntico e ser capaz de curtir a vida são duas coisas interligadas. Jim entrou para a faculdade com uma bolsa no time de futebol. Seus pais certamente eram pobres demais para pagar uma faculdade. Ele refletia sobre a vida na qual foi educado e isso o assustava. Jim prometeu que sua vida seria diferente. Ele trabalharia de sol a sol, cuidaria dos negócios e, assim como Scarlett O'Hara, nunca mais "passaria fome novamente".

O futebol profissional nunca fez parte dos planos de Jim. Ao contrário, ele foi trabalhar para uma grande e influente companhia de seguros. E *trabalhar* era o que ele fazia de verdade. O trabalho o salvaria da pobreza que ele tanto temia. Ele trabalhava para encontrar a mulher certa para se casar. Trabalhava para ter um bom relacionamento com ela. Trabalhava para dar a melhor educação a seus filhos. Trabalhava para abrir sua própria empresa. E trabalhava também para conhecer as pessoas que o ajudariam nesse negócio.

Jim era o tipo de pessoa que, ao ser perguntado se era feliz, diria que nunca pensava sobre felicidade, "mas creio que tenho uma vida correta, portanto devo ser uma pessoa feliz". Então, conforme Jim disse: "As coisas começaram a acontecer em minha vida." A filha adolescente se envolveu com drogas, seu filho mais novo apareceu com uma deficiência no desenvolvimento e Jim recebeu um diagnóstico de artrite. Em dois anos, perdeu o pai e a mãe. Seu maior cliente abriu um processo contra ele quando se sentiu prejudicado por ocasião de um acidente que provocara.

Jim entendeu que estava em profunda depressão quando se viu perguntando para todo mundo: "Por que isso está acontecendo comigo?" Nada parecia fazer sentido para ele. Entre outras coisas, ele se considerava um importante colaborador das boas causas por que doava cheques polpudos para as obras de caridade e outras ações filantrópicas.

Um dia, na esperança de poder acertar as contas com Deus e parar com aquela onda de azar, Jim decidiu atuar como voluntário na unidade de câncer pediátrico de um hospital local. Ele se via como uma Madre Teresa fazendo compressas para atenuar a febre dos pacientes. Mas as crianças da unidade queriam brincar. Até mesmo aquelas que estavam em estado mais crítico só desejavam que suas vidas fossem um pouco mais divertidas. Mas Jim não podia colaborar. "Você não tem a menor graça, moço", foi a declaração de uma menina. E, pela primeira vez, Jim se deu conta de que estava falhando em alguma coisa que se propusera a fazer.

E lá estava ele, nesse lugar de milagres e mistérios, numa tentativa de salvar a própria vida, e era como se o próprio Deus estivesse mandando uma mensagem pessoal a Jim por meio dos lábios de uma garotinha doente. Era como se Jim tivesse se afastado o máximo possível do caminho e o único jeito de voltar era pela diversão e pela brincadeira.

A princípio, parecia um castigo. "Mas eu sou péssimo nisso", dizia Jim em suas orações numa manhã de domingo. Naquele mesmo dia, ele estava na aula de golfe, jogando num time formado por colegas de trabalho. Como sempre, o jeito concentrado de jogar levara Jim a um resultado ruim. Ele observou que os outros três rapazes riam e brincavam enquanto se aproximavam do montículo para o 18º buraco. *Ah, meu Deus*, pensou Jim, *eu estou arruinando minha vida. Estou jogando a sério esse tempo todo e esses caras estão se divertindo. Toda vez que eu ganho, perco.*

O significado do que estava acontecendo com Jim de repente ficou claro. A última coisa que precisava fazer era acertar as contas com Deus sendo um cumpridor dos deveres mais ativo, pois nisso ele já era bom. O que faltava na vida de Jim era o que faltava no próprio Jim.

Ele me revelou o seguinte:

– Durante toda a minha vida, fui um cara religioso, e perdi o sentido disso tudo. Deus me deu tantas dádivas, mas elas foram resumidas na dádiva da vida em si. E o sentido da vida era como o sentido de qualquer dádiva: a vida existe para você aproveitar. Com meu jeito carrancudo, passei minha vida desprezando a dádiva de Deus. Tudo em minha vida aconteceu para me levar até aquelas crianças doentes, e elas me ensinaram que eu tenho um profundo dever espiritual de me divertir o máximo possível nesta vida que Deus me deu.

Então, o que Jim fez? Começou a circular com a sombra de uma luz em sua cabeça, vestindo uma camiseta com dizeres engraçados? Claro que não. Para Jim, era como se ele se *livrasse* do sentimento de que era responsável por tudo. Ele *mergulhou* em todas as oportunidades de prazer em sua vida. Ele era capaz de brincar porque descobriu a brincadeira, o desprendimento, nas atividades do dia-a-dia, o sentimento de que poderia deixar as coisas caminharem, deixar que elas cuidassem de si mesmas e permitir que os outros cuidassem das coisas também. Ele começou a curtir as pessoas de sua família com quem ele se preocupava tanto e percebeu que a diversão era a única dádiva que elas realmente queriam dele.

Desatar os nós

Por que será que o *Jardim-de-infância Cósmico* dá a volta ao mundo para nos ensinar o que deveria ser uma simples lição? Porque curtir a vida é o que algumas pessoas precisam para viver de forma plena e autêntica.

Curtir a vida de verdade não significa necessariamente correr de um lado para o outro fazendo coisas novas. Geralmente, significa nos permitirmos extrair prazer de nossas vidas exatamente como elas são. Mas, às vezes, a única maneira de fazer isso é parar de levar tão a sério aquelas coisas que nos impedem de sentir prazer. Estou falando das preocupações, ambições, obsessões, confusões, distrações e estresses que nos sugam o prazer de uma vida que deveria ser cheia de alegria. Já sei, geralmente sentimos que *temos* de levar essas coisas a sério. É a visão que temos acerca da responsabilidade. Mas pensamos assim até que algum episódio venha mudar nossas vidas, colocando tudo em perspectiva e nos mostrando como estamos errados.

E você? Eis aqui algumas perguntas:

- Bem no fundo, você acha que não merece ter alegria?
- Quando criança, você recebeu a mensagem de que a vida era cruel e que o princípio fundamental da existência é o trabalho, não a diversão?
- Você sempre sonhou em um dia se curtir, mas nunca fez nada a respeito?
- As pessoas às vezes lhe dizem que você leva as coisas muito a sério?
- Para você, o prazer é algo que precisa ser trabalhado?
- Você acha difícil se curtir, a menos que consiga justificar o que está fazendo com alguma compensação prática?

Se você respondeu "sim" a quatro ou mais dessas perguntas, então um dos motivos da situação pela qual você passou era trazer de volta a importância de se curtir, curtir a vida e não levar as coisas tão a sério.

Apesar de tudo, um fato curioso: às vezes, justamente as pessoas que mais precisam dessa lição são as que têm mais dificuldade de entender e aceitar isso.

Coma sua sobremesa

Os episódios importantes e que causam mudanças em nossas vidas não ocorrem para nos ensinar lições antigas. São os episódios que *mudam as nossas vidas* que nos fazem ir em busca das razões. Eles nos ensinam algo que não sabíamos ou nos dão um dom que nunca tivemos antes ou criam uma oportunidade que jamais imaginamos, se pudermos entender seu significado. É assim que a mudança negativa se transforma em positiva.

Mas, certamente, as lições mais difíceis de entendermos são aquelas que não conseguíamos enxergar. Para muitas pessoas, curtir a vida é uma questão complicada, uma questão que toca em partes profundas do eu. Essa questão nos traz preocupações (se você está curtindo a vida, é sinal de que não está cuidando dos negócios), culpa (você não merece curtir a vida) e insegurança (você não tem os recursos interiores necessários para curtir a vida). De alguma forma, quando era criança, você recebeu mensagens equivocadas ou teve as experiências erradas.

Vou lhes contar a história de Amy, que, como ela mesma se definiu, era "uma pessoa de 36 anos, sem filhos e com uma atitude negativa diante da vida". Era uma mulher baixa, de aparência meiga e mais parecia a caricatura de uma bibliotecária com sua saia azul-marinho e uma camisa masculina branca do que a detetive policial que realmente era. Só quando ela se levantava e começava a andar pela sala é que você podia ver a autoridade de ferro que tinha.

O que aconteceu com Amy? Alguns desastres se desenrolam num ritmo extremamente lento. Além do trabalho, do qual Amy gostava muito, ela queria se casar e ter filhos. Mas teve a infelicidade de gostar de vários homens que pareciam gostar dela, embora fossem todos vigaristas. Quando ela falava com eles sobre casamento, eles reagiam como se ela fosse maluca e frágil. Eles diziam que não estavam preparados para assumir um compromisso e coisas do gênero. Em seguida, davam o fora.

– Como fui entrar numa situação dessas? – perguntou Amy.
– Toda a minha vida tem como base confiar nas pessoas. Mas

agora não posso confiar em mim, sabendo que permaneci nesses relacionamentos absurdos por tanto tempo sem uma boa razão para tal.

Amy respondeu "sim" a todas as seis perguntas do questionário deste capítulo. Mas ela ainda não entendeu como o significado do que lhe aconteceu talvez pudesse ter relação com o fato de que ela precisava curtir mais a vida. Ela não queria acreditar que esse fosse o motivo.

– Passar por tudo isso só para perceber que preciso... *me divertir?* Isso parece uma razão muito tola para comer o pão que o diabo amassou.

A verdade lhe foi mostrada, mas ela não conseguia entender.

As pessoas não esquecem de curtir a vida como se esquece a carteira quando se sai de casa. A idéia de que a vida é dura e de que você deve se manter firme e agüentar o tranco é uma atitude profundamente enraizada. As pessoas se agarram a esse comportamento do mesmo jeito que um homem a bordo de um barco se agarra a um salva-vidas.

Pense sobre o modo como muitos de nós crescemos. A vida foi dura para muitos de nossos pais. Eles tinham dificuldades e sofreram pelos erros cometidos. Se conseguiram obter algum tipo de sucesso, tiveram de pagar um preço alto. Medo e luta eram a tônica da maioria de seus dias e da maior parte de seus pensamentos durante a noite. Poucos de nós tivemos pais felizes.

Depois, aparecemos nós, as crianças, e crianças são sinônimo de leveza e diversão. E é aí que começa a propaganda antidiversão. "Pare de perder tempo com tolices. "Você pensa que isso é uma brincadeira?" "É melhor você tomar jeito." No fundo, sentimos certa aspereza na voz de nossos pais. Eles estavam falando sério. Eles ficam preocupados. Eles temem por nós. Na melhor das hipóteses, a diversão e o prazer são distrações e, geralmente, um caminho para o fracasso.

Por isso, é tão fácil para muitos de nós deixarmos de entender que a razão para algo que nos aconteceu é nos mostrar como é importante curtir a vida. *Temos medo de pensar na vida como algo para se curtir.*

Para mim, seria um desafio fazer com que Amy entendesse essa verdade.

– Vamos repassar algumas perguntas novamente – eu disse. – O prazer e a diversão são questões que você precisa trabalhar? – Todos podem usar todas as perguntas do questionário deste livro, não apenas como diagnóstico, mas como trampolins para pensar em si mesmas e em suas vidas.

– Ora, se preciso! – respondeu Amy. – Tenho muita dificuldade de relaxar. Ou seja, saio com meus amigos depois do trabalho para tomar um chope e bater papo, mas quero conversar sobre trabalho. Não fico jogando conversa fora. Às vezes, meus amigos começam a rir e a brincar, e aí eu me sinto muito só. Em casa, sempre estou fazendo alguma coisa. Sabe, às vezes, tomo um banho para relaxar, mas acabo dando a desculpa de que isso me faz bem.

– E o que me diz dessa pergunta: Você acha que não merece se divertir?

Amy ficou em silêncio por um momento:

– *Acho* que mereço me divertir, mas não *sinto* isso.

– Por que não?

– Não sei como explicar. É como se alguém me dissesse: "Você só pode comer a sobremesa depois de comer toda a comida." Sinto que nunca terminei a comida. Há sempre alguma coisa a fazer. Eu trabalho na unidade de crimes graves. O que realmente sinto é que posso começar a me divertir quando todo crime for solucionado e toda criança perdida for encontrada.

– E, é claro, eles nunca vão encontrar todas as crianças perdidas.

– Não, não vão encontrar mesmo – Amy disse com uma voz triste. – Eu fui um tipo de criança perdida. Ou não tive infância. Quando eu era criança, jamais tive uma festa de aniversário. Uma de minhas colegas de escola queria que eu fizesse uma festa de anivesário para ela e eu não sabia como fazer. Ou seja, eu sabia que você tem de ter um bolo, soprar as velas e ganhar presentes; você vai na loja e compra tudo. Mas como é que se faz para isso tudo acontecer de verdade? Como se sabe a hora de acender as velas e dar os presentes? Como transformar tudo isso em uma festa?

– E você nunca aprendeu essas coisas. Nunca ninguém fez nada disso para você.

– Não era simplesmente o fato de não acontecer. O fato é que se tratava de algo errado e perigoso. Era como se a vida fosse uma arma carregada: não se brinca com ela.

– Então, deve ser muito difícil para você pensar que o significado do que lhe aconteceu é que você deve começar a curtir a vida. Você não sabe como fazer isso.

– É, e eu simplesmente não entendo a ligação entre aprender a ter prazer na vida e perder anos me envolvendo com os homens errados.

– Ora, Amy – eu disse. – O mais importante de estar num relacionamento não é *curtir, ser feliz?* Não acha que colocaria um fim em seus relacionamentos e em toda a dor e perda de tempo se você se sentisse capaz de perguntar: *Espere um minuto, estou feliz?* O objetivo de toda a dificuldade por que passou foi que, se você lembrar a importância de curtir a si mesma, vai se poupar de ter de agüentar uma porção de situações dolorosas.

Mais uma vez Amy ficou em silêncio, contraindo o lábio inferior como uma criança:

– Eu achava que a questão era que eu deveria ter encontrado um modo de fazer com que meus relacionamentos dessem certo.

— Talvez o sinal de que seus relacionamentos não eram adequados – ponderei –, era que eles sempre davam muito trabalho.

Todos que responderam "sim" a essas perguntas podem perceber algo similar em si mesmos.

Seja qual for a dificuldade que tenha enfrentado, sua vida teria sido bem melhor se você tivesse dado prioridade máxima a extrair cada pingo de alegria dela.

Uma receita de prazer

Amy continuou seu relato, até falar algo realmente surpreendente.

— Posso lhe confessar algo? – perguntou ela. – Acho que parte de mim não quer que isso seja o significado do que aconteceu comigo, porque, para falar a verdade, não sei o que fazer com isso. Esta é uma parte da vida em que me sinto desnorteada.

Nem sempre é fácil aplicar as lições que você aprende no *Jardim-de-infância Cósmico*. Muitas pessoas estão na mesma situação que Amy. Elas sabem o que precisam fazer – dar um basta e começar a curtir a vida –, mas acham que não sabem como. Acabam, então, virando as costas e desistindo.

Isso é um grande erro. Curtir a vida não é simplesmente uma cereja em cima do bolo: *É o bolo inteiro*. A curtição não tem de ser uma tolice. Você pode se curtir de verdade quando ajuda alguém em dificuldade, descobre algo no laboratório ou lê uma história para uma criança na hora de dormir. Mas a parte de sua psique que o motiva floresce quando você curte a si mesmo. A alegria é o alimento da motivação. Quando você não curte a si mesmo, seu sentimento de estar motivado acaba definhando.

Se você quiser ter mais prazer de verdade, *o primeiro passo é se libertar do passado*. É por isso que muitos de nós ficamos paralisados quando não somos capazes de nos libertar do passado. Mas, você pode dizer, o episódio que aconteceu foi negativo. O que você faz, então? Dá as costas e foge?

Sei que é difícil, mas as pessoas que conseguem se livrar do passado param de fazer uma lenda sobre tudo o que acontece. E temos milhões de maneiras de transformar nosso passado em lenda. Até a terapia pode ser uma lenda. É bem verdade que, se alguém teve uma infância muito infeliz, pode ser útil conversar com alguém e receber ajuda. Mas, quando a situação se prolonga por anos e anos, fica claro que continuar não é a solução. Esse tipo de terapia acaba se tornando o santuário no qual o passado é reverenciado.

Vamos analisar o exemplo da mãe que mantém o quarto do bebê exatamente do jeito que era no dia em que ele morreu. Ela fez do quarto um santuário. Ela pode acreditar sinceramente que exista algum significado no que aconteceu – embora nunca seja uma justificativa, é claro – e intimamente pode saber que significado é esse. Mas, em algum momento, ela tem de despertar, entrar naquele quarto e desfazer aquele santuário. Isso significa jogar fora algumas coisas, guardar outras em caixas e, talvez, colocar outras num álbum. Em seguida, ela tem de transformar aquele espaço num ambiente que possa ser usado pelos vivos.

Isso significa *fazer* algo, e é o mais difícil para as pessoas. Quando se trata de descobrir o significado do que nos aconteceu, o significado por si só é grande e faz enorme diferença, mas não muda nossas vidas até que desfaçamos nossos santuários, não importa o que sejam.

Quais são nossos santuários? Um santuário é qualquer coisa que faça o presente servir ao passado. Existe uma diferença entre um santuário e uma recordação. Se um ente querido morre, obviamente você vai querer manter fotografias daquela pessoa.

Isso é uma recordação do passado. Mas, se você passa o dia inteiro ajoelhado diante daquelas fotografias, seu presente está sendo destruído para servir ao passado.

Sei o quanto é difícil desfazer um santuário. Mas, se você quer descobrir a mudança que precisa acontecer, tem de identificar seu santuário. Qual é o fato de sua vida que o prende à sua perda, que o identifica com ele, fazendo com que seja parte de você? Esse é seu santuário.

Como desfazer esse santuário? Faça algo diferente de tudo que tem feito. Encontre uma forma diferente de viver. Se você tem vivido no santuário de sua perda, *fazer* essa mudança é difícil, mas você já sabe *o que* precisa fazer.

Depois de se libertar do passado, você precisa seguir firme em direção ao futuro.

O segundo passo é identificar as verdadeiras fontes de diversão e prazer em sua vida. Você não tem sido uma pessoa tão carrancuda assim para não ter essas fontes. Todos nós fomos crianças um dia, e mesmo as pessoas que tiveram uma infância muito infeliz podem descobrir maneiras de se divertir de vez em quando!

Essas experiências de prazer e diversão constituem uma base sólida. São memórias dos sentidos que, de forma alguma, estão enterradas, mas apenas perdidas no meio de pilhas e pilhas de papel em nosso escritório mental. No entanto, elas estão ao nosso alcance na hora que desejarmos.

Você pode usar sua habilidade para trabalhar duro e levar as coisas a sério, usando suas forças para consertar suas fraquezas. Suas respostas ao questionário demonstram que se curtir é o remédio indicado para salvar sua vida. Portanto, siga uma receita de prazer. Arregace as mangas e vá trabalhar, colocando mais prazer em sua vida.

Uma boa maneira de começar é usar um diário do prazer. Não precisa ser algo muito elaborado ou que tome muito tempo. A chave é seguir a pista do prazer em sua vida diária. Assim como pode existir uma enorme diferença entre o modo que achamos que nos alimentamos (extremamente saudável) e a maneira como realmente nos alimentamos (*Caramba, nunca me dei conta de que comia tantas calorias inúteis!*), há geralmente grandes e importantes surpresas guardadas quando percebemos – do dia para a noite, no trabalho ou em casa, sozinho ou na companhia de outra pessoa, semana após semana – quanto prazer realmente existe em nossa vida e onde de fato o encontramos.

Enquanto mantém seu diário de prazer, anote o seguinte:

* Nos próximos sete dias, identifique qual o momento de cada dia em que você sente o mais claro e verdadeiro prazer.
* Em suas relações pessoais, quem lhe dá mais prazer? Que tipo de prazer é esse?
* Durante essa semana, quanto tempo você se dedicou a se dar algum tipo de prazer? O que mais o decepcionou? Onde conseguiu munição para resistir?
* Que tipo de devaneios de prazer lhe vem à cabeça com mais freqüência?

Vá à caça dos menores e mais leves sinais que surgirem em sua mente indicando a condição "se eu pudesse", como, por exemplo, aqueles pensamentos que dizem: *Ah, se eu pudesse fazer aquilo, eu me sentiria tão feliz!* Esses pensamentos lhe mostrarão os prazeres que estão faltando em sua vida.

A questão é notar qualquer coisa que indique a possibilidade de encontrar mais coisas para curtir e novas maneiras de curtir o que já existe em sua vida.

Ninguém pode nos ensinar a curtir a vida. *Só nós podemos ensinar isso a nós mesmos,* e é importante saber que você *pode* ensinar a si mesmo. Você já sabe muito sobre curtir a vida, mais do que imagina, e pode aproveitar o que sabe.

Como mudar?

Existem muitas Amys no mundo. Essa atitude mental é muito comum em crianças imigrantes como eu, por exemplo, ou em crianças cujos pais tenham vivido em constante estado de preocupação e inquietação. Não se trata de não conseguirmos rir ou ser felizes, o fato é que simplesmente a diversão não é uma coisa que aconteça naturalmente. Portanto, precisamos responder à pergunta: "O que estou fazendo de verdade?"

O que essas pessoas têm de entender é que não há nada de errado com elas. Não há nenhum defeito de formação. Em certo nível, não é diferente de nunca ter aprendido a andar de bicicleta. Você pode aprender a qualquer hora. A princípio, pode parecer estranho e impossível, você continua tentando, cai muito, machuca-se algumas vezes, mas depois chega lá. Você erra até acertar, acreditando que, à medida que erra, algum instinto dentro de si o levará até o ponto em que irá acertar. Mas você tem de continuar tentando, sem parar.

É assim que a mudança ocorre para as pessoas, e quase sempre sofremos por não entender isso. Erroneamente, pensamos na mudança como o ato de sentir-se diferente. É o que buscamos, é o que tentamos fazer acontecer. Mas mudar de dentro para fora é tão fácil como... por que você não faz uma tentativa? Levante-se, incline-se para baixo e segure ambos os tornozelos. Agora, erga-se.

E, então, como foi? Aposto que você mal conseguiu se erguer mais do que três centímetros do chão. Para falar a verdade, é claro que isso é impossível.

Da mesma forma, é impossível mudar a si mesmo de dentro para fora.

A verdadeira mudança acontece de fora para dentro. Sei disso pela minha própria experiência clínica, pelas pesquisas que realizei e pelo trabalho de inúmeros profissionais. Esta é uma boa novidade, porque *sabemos* como fazer mudanças externas. *Ninguém* sabe como chegar ao interior de si mesmo e, imediatamente, realizar mudanças internas. Logo, eis aqui a forma de fazer uma verdadeira mudança.

Primeiro: pense sobre aonde você quer chegar. Digamos que você tenha muito o que mudar. Onde isso o levaria? Como você poderia saber que mudou? O que você veria? O que as outras pessoas veriam? Aqui, você procura por comportamentos, coisas específicas que faz.

Segundo: realize tarefas que propiciem essa mudança. Tome medidas pequenas, porém significativas, na direção correta. Tudo o que o conduz para perto do ponto que você quer atingir é positivo. É mais importante fazer *algo* do que fazer algo perfeito. Continue tentando fazer coisas diferentes até conseguir.

Por exemplo, digamos que alguém tenha comentado que você não é uma pessoa alegre e que você tenha medo de que isso seja verdade. Você olha para dentro de si mesmo e vê ali uma pessoa que é só responsabilidades, não há lugar para a alegria. Mas como se tornar uma pessoa alegre? Bem, você sabe que, se fosse uma pessoa alegre, as pessoas a veriam se comportando de forma alegre. Então, é isso que você faz. Embora você não tenha experimentado nenhuma mudança interna, simplesmente tenta se comportar da maneira mais alegre possível, usando suas habilidades ao máximo.

Terceiro: ignore o fato de que, apesar do que esteja fazendo, você ainda não sente que tenha mudado tanto internamente.

Quarto: continue fazendo as coisas que podem lhe trazer a mudança desejada.

Finalmente, um dia você acordará e perceberá que mudou. Finalmente, seu interior estará diferente porque suas ações têm sido diferentes por um bom tempo.

Não brigue com isso. Se você quiser mudar, este é o caminho, de fora para dentro. E esta é a maneira de mudar para se tornar uma pessoa que extrai cada grama de prazer da vida.

Uma pessoa que tenha descoberto que aprender a curtir mais a vida foi a razão para algumas dificuldades vivenciadas deveria aceitar a idéia de que se reconectar com o instinto do prazer leva tempo. Mas, pobre de você – ter de tentar várias coisas diferentes para extrair o máximo de alegria possível! Algumas das coisas agradáveis que você faz serão realmente prazerosas. Continue a fazê-las.

Uma pequena dica. Talvez você conheça alguém que realmente saiba como curtir a vida, ou você pode imaginar alguém assim. Vamos chamar essa pessoa de Pat. Deixe que Pat seja sua guia de alegria interna. Você sabe que tem um domingo inteiro sem nada para fazer. Você iria passar o dia fazendo tarefas chatas em casa. Em vez disso, imagine o que Pat faria. Ela sabe se divertir. Faça isso.

A dádiva do prazer

O último passo é silenciar as vozes mentais que tornam o prazer doloroso.

Trata-se da voz do medo. Ela lhe diz que, sempre que estiver curtindo a vida, você não está cuidando do que tem de ser feito. Seu trabalho vai para o espaço, seus clientes terão problemas, sua família irá se desintegrar.

Sua resposta a essa voz deve ser: "Curtir a vida é uma coisa, deixar minha vida ir para o espaço é outra completamente diferente. Nunca deixarei minha vida ir por água abaixo. Mas, de certa forma, tenho desperdiçado minha vida quando me privo de prazer. Não deixarei que a obrigação de 'cuidar dos negócios' sirva de desculpa para não aproveitar o prazer da vida."

É possível que você tenha de lidar com o impacto do medo de não ser capaz de ver a alegria em cada situação. No momento que você perceber que seu medo está começando a interferir em sua alegria de viver, pergunte-se: *Afinal, qual é o problema?* Antes, você só se curtia se tivesse absoluta garantia de que nada seria negligenciado. O que você vai fazer agora é sempre se curtir, a menos que exista uma razão muito forte e especial para não fazê-lo.

Em seguida, vem a voz da culpa lhe dizendo que você não merece curtir a vida. Muitas pessoas sofrem do complexo de Atlas. Elas carregam o peso do mundo nas costas e se sentiriam extremamente culpadas se retirassem esse peso para se divertir.

Portanto, eis o que deve ser feito: pense em sua vida como uma dádiva preciosa de Deus, do universo. E Deus lhe deu o dom da vida para que você pudesse aproveitá-la. Ele pode ter tido outras razões também, mas o prazer de viver é uma das razões principais. Em vez de se sentir culpado quando você se curte, sinta-se culpado ao desonrar o dom da vida quando não está se curtindo. E melhor ainda: não se sinta culpado, apenas aproveite.

Algumas pessoas se sentem culpadas porque não conseguem esquecer que alguém, em algum lugar, está sofrendo. Se isso prejudica sua habilidade de curtir a vida, aqui vai uma sugestão: ou você ajuda essas pessoas pelas quais você sofre, para que elas comecem a curtir a vida, ou começa a curtir a sua. Mas ficar aí sentado sentindo-se culpado não ajuda ninguém. E vou ainda mais longe. Cuidado ao ajudar uma pessoa sem sentir prazer no que faz. Quando uma pessoa que cuida de outra tem dificuldade em curtir a vida, o trabalho que realiza fica saturado de uma energia horrível e mesquinha. Pense nisso. Faça de conta que você – Deus o livre e guarde – está morrendo num hospício. De quem você gostaria de receber ajuda? De alguém que só tem o senso do dever ou de alguém que é extremamente voltado aos prazeres que a vida tem a oferecer?

Finalmente, algumas pessoas se retraem porque uma voz lhes diz que elas não possuem os recursos internos necessários para curtir a vida. Geralmente, as pessoas se sentem assim porque sabem que, de alguma forma, quando eram crianças, receberam mensagens negativas ou tiveram experiências desastrosas.

Bem, você sabe que até mesmo Dickens não teve a infância de seus livros. Crianças que crescem em condições extremamente duras encontram oportunidades incríveis de se divertir. Se você fosse criança (novamente), teria todos os recursos internos de que necessita. Então, diga a essa voz que se cale. O que você precisa agora é ter mais experiências de prazer. Então, vá buscá-las.

Plantando a rosa

RAZÃO 9: PARA AJUDÁ-LO A DESCOBRIR SUA MISSÃO NA VIDA

Quando tinha 13 anos, Katharine Hepburn encontrou o corpo de seu adorado irmão mais velho. Ele tinha acabado de se enforcar.

Alguns terapeutas costumam se enrolar diante de uma tragédia como esta. Eles manteriam o foco de sua atenção na forma como Katharine Hepburn ficaria psicologicamente alarmada com o acontecimento. Mas as pessoas são mais fortes do que se imagina. Esse evento certamente foi bem significativo para exercer enorme impacto sobre Hepburn, mas seu significado não advinha do dano causado, mas das lições que ela aprendeu: a vida é extremamente preciosa, você nunca sabe de quanto tempo ainda dispõe e não deve desperdiçá-la mais do que se pode desperdiçar a água numa viagem pelo deserto.

Portanto, Hepburn viveu o resto de sua vida como se tivesse uma missão. E você sabe como são as pessoas que têm uma missão. Elas aproveitam a vida com uma intensidade especial. Elas sentem como se tivessem muito mais tarefas a realizar do que o resto do mundo, ou como se o que têm a fazer fosse mais importante do que as coisas que o resto do mundo faz. Se a vida é um jogo de pôquer, nós somos os jogadores que jogam por pouco dinheiro, enquanto os demais apostam alto.

As pessoas podem direcionar esse tipo de intensidade especial para qualquer coisa. Ter uma missão não é somente algo para os ativistas da vida, pessoas que acreditam com paixão em alguma causa e estão dispostas a passar a maior parte da vida lutando por isso. A missão de Katharine Hepburn era sua carreira de atriz. Scarlett O'Hara tinha uma missão: "Juro por Deus que jamais sentirei fome novamente." Tudo bem, tudo bem, Scarlett O'Hara era uma personagem de ficção, mas muitos de nós teríamos a mesma missão se fôssemos vítimas da desgraça. Minha mãe tinha a mesma missão que Scarlett O'Hara: ela levava a vida com a mesma intensidade, e a razão para isso é que ela também viu sua vida e seu mundo ruírem em chamas.

Outras pessoas podem encontrar o significado dos acontecimentos desejando ardentemente que seus filhos entrem para a faculdade e sejam alguém na vida. Alguns artistas trabalham com muita intensidade, como se todo quadro que pintam fosse uma obra de arte que defenderiam de um incêndio com a própria vida. Existem até pessoas cuja missão é simplesmente experimentar a vida ao máximo e que têm um interesse intenso de ver o mundo.

A maioria de nós admira pessoas assim. Mas, quando pensamos em ter uma missão que nos leve adiante e tome conta de nossas vidas, sentimo-nos ambivalentes.

Um cálice de fogo

A intensidade é ótima, mas quem quer levar uma vida em brasa? Quem quer a luta e o sacrifício que vêm junto com a missão? Quem quer a frustração inevitável e as derrotas que surgem quando lidamos com forças poderosas? Nem mesmo Jesus se sentia o tempo todo capaz de arcar com sua missão. Ele passou a fase dos 20 anos evitando uma forma de vida extremamente intensa, que devia saber ser seu destino. Mais tarde, dando extremo valor à vida que escolhera, ele disse: "Afasta de mim este cálice", reagindo como qualquer um diante da missão a ele confiada.

Para a maioria de nós, apenas levar uma vida normal já significa luta suficiente. Quem precisa ir adiante e lutar contra dragões?

Mas nós sempre somos extremamente atraídos pela idéia de levar uma vida envolta em paixão. Acho que isso se deve principalmente ao fato de que temos consciência do abismo que a falta de significado cria facilmente diante de nós. É como se estivesse longe do olhar de sua mente: você capta um reflexo da idéia de que nasce, trabalha, tem alguns momentos de alegria e depois morre, e qual o objetivo disso tudo? Às vezes, acho que são as melhores pessoas entre nós que estão mais inclinadas a desejar ardentemente um significado. Elas sentem que a vida pode ser mais intensa quando têm como base uma luta para tornar a vida melhor.

Portanto, parte de nós deseja um sentimento de missão; outra parte tem medo do preço disso. Geralmente, quem ganha é a parte de nós que tem medo. A vida está sempre no controle de tudo. Nós vivemos, rimos, recebemos as coisas à medida que elas vão surgindo. E tudo bem.

Mas alguns de nós precisam de um sentimento de missão. Podemos não querer isso, mas, para nos tornarmos o que temos de ser, precisamos ser guiados por alguma convicção apaixonada, alguma intenção de aproveitar a vida ao máximo. Nós também rezamos para que o cálice se afaste de nós. Mas, então, alguma calamidade pessoal ou algum problema doloroso acontece e realiza aquilo que todas as boas intenções do mundo não conseguiram: permitir-nos desencadear a intensidade que somos capazes de trazer à vida. E isso faz, pela primeira vez, a vida parecer ter um significado totalmente novo.

Não vamos procurar por nenhuma conexão simplista entre o episódio e o sentido de missão decorrente dele. Katharine Hepburn não passou a vida como uma ativista contra o suicídio entre os adolescentes. O fato de sua avó ter sido atropelada por um ônibus não significa que você vá começar uma cruzada contra os motoristas de ônibus com motor descontrolado.

A necessidade de viver com uma intensidade especial (e isso pode envolver a luta por uma causa) decorre daquilo que somos como pessoas, e não do problema específico pelo qual passamos.

Tomemos o exemplo das mães protestantes e católicas cujos filhos foram mortos nas ruas de Belfast e Londonderry, na Irlanda do Norte. Todas aquelas mães odiavam o que havia matado suas crianças. Todas precisavam encontrar um significado para tudo o que acontecera. Todas precisavam encontrar um jeito de lidar com suas perdas. Mas apenas algumas descobriram que seu ódio se transformou em uma causa pela qual poderiam lutar – organizar campanhas, marchas, protestos para evitar mais derramamento de sangue.

Isso não significa que algumas mães se importassem com aquele episódio e outras, não. Todas se importavam. Mas o pequeno número de mães que se dedicou à causa de acabar com o derramamento de sangue na Irlanda do Norte tinha uma fome que era saciada por aquela causa. Lutar por uma causa era parte da vida que elas tinham de viver.

Algumas dessas mães desenvolveram um sentido de missão que nunca vimos. Mas não era uma missão de lutar por uma causa – era uma missão de tirar suas famílias rapidamente daquele lugar, para que pudessem levar uma vida melhor. Algumas entenderam o desperdício da vida e simplesmente decidiram que fosse qual fosse a forma mais significativa para elas, aproveitariam suas vidas com uma intensidade jamais sentida antes.

Todos nós conhecemos pessoas guiadas pela paixão. Quando entrei na faculdade, tornei-me amiga de uma mulher que morava no outro lado do prédio universitário em que eu morava. Eu não conhecia ninguém que estudasse de forma mais apaixonada que Ronnie, não como uma "cdf", mas como alguém que tinha uma missão. Um dia, eu estava em seu quarto e, enquanto conversávamos, ela calmamente me pediu licença e, como se fosse a coisa mais natural do mundo, pegou uma seringa e injetou algo em si mesma.

Eu nunca tinha visto nada parecido. Naquela época, eu era tímida demais para perguntar o que era aquilo. Mas ela era muito aberta e estava acostumada a conversar com as pessoas sobre o assunto. Ela tomava insulina desde os oito anos de idade. O fato de ser diabética desde criança fez com que tivesse consciência de como os médicos podem ajudar as pessoas e como as pessoas precisavam da ajuda deles. E, então, o problema de Ronnie lhe dava um enorme sentido de missão.

Nem todas as garotas que desenvolvem um problema sério de saúde ficam motivadas pela missão de livrar o mundo da doença. Ronnie ficou. Era o que ela precisava.

O único problema com a história de Ronnie é que as coisas pareciam um pouco óbvias demais: garota doente vira médica para ajudar outras garotas doentes. Na maioria das vezes, a vida não é tão previsível assim e se apresenta cheia de mudanças surpreendentes. Geralmente, não parece haver uma conexão entre o que acontece a alguém e a paixão pela vida que surge como resultado.

A missão de Grace

Desde criança, Grace era bem gorda. Quando terminou a faculdade, ela pesava mais de 90 quilos. A coisa que mais a irritava eram as pessoas que falavam com ela como se perder peso fosse uma idéia nova, como se ela não tivesse tido várias experiências dolorosas e desastrosas com dietas, grupos de emagrecimento e coisas do gênero.

Como uma mulher jovem, ela chegou à conclusão de que tudo o que podia fazer era se aceitar exatamente como era. Grace sabia que seria difícil encontrar um homem que conseguisse enxergá-la além de sua "imagem alternativa" de beleza feminina. Mas ela esperava pelo melhor.

Anos se passaram. Os namoros foram poucos e espaçados. Ela tivera dois relacionamentos rápidos. Mas foi duro, principalmente porque, como publicitária do mercado musical, ela lidava com um pessoal voltado para a aparência. Ela achava que os homens com que havia se relacionado e que não se importavam com o fato de ela ser tão gorda ou eram estranhos ou tinham problemas de auto-imagem.

– Sabe – Grace me disse –, terminantemente não gostaria de pertencer a um clube que me aceitasse como sócia. – Ela parecia ter senso de humor sobre sua situação, mas era só um disfarce para uma profunda tristeza.

A parte que realmente lhe importava era a sensação de desperdício de tudo aquilo. Ela sabia que era uma pessoa boa de verdade, com muito amor para dar. E, mesmo assim, podia ser que nunca conseguisse sair do lugar por causa de um problema com a aparência. Grace descobriu que ficava profundamente comovida quando ouvia histórias de pessoas com potencial inexplorado esperando, perdidas em algum lugar de suas vidas.

Depois, descobriu que havia mais de uma alternativa de se sentir um traste e mais de uma opção de se fazer algo para evitar isso. Ser uma pessoa cheia de energia, talento e vontade de ajudar também era um desperdício e, mesmo assim, ela não fazia nada para mudar. Por meio de seu trabalho, ela vislumbrou mulheres jovens e talentosas com uma educação precária que não tinham como construir um futuro no mercado musical. Elas precisavam de ajuda, conselho e orientação. Algumas requeriam que alguém lhes mostrasse como transformar o talento em um produto rentável. Outras necessitavam conhecer formas alternativas de carreiras no mercado da música. Do contrário, tudo o que tinham a oferecer se perderia.

Então, Grace teve um momento de graça. Ela se imaginou levando a vida de forma mais intensa. Dedicou seu tempo livre à fundação de uma organização sem fins lucrativos que atenderia a vizinhança e daria a essas jovens mulheres a ajuda necessária. Para conseguir recursos, Grace trabalhou tanto com formadores de opinião e profissionais do mercado musical quanto com líderes comunitários. Ela também aconselhava e orientava diretamente as meninas.

– Adoro isso – Grace me relatou. – É algo que sempre me faz sentir melhor do que você poderia pensar de uma situação como essa. Algo que me faz sentir bem porque realmente acho que estamos fazendo algo para que essas meninas não desperdicem suas vidas e seus talentos.

Esperta e autoconsciente como Grace era, a princípio, ela não conseguia ver que o trabalho maravilhoso que realizava e o jeito que se sentia refletiam tudo que passara como uma mulher obesa na América, nos tempos atuais.

Eu sentia que tinha de dar um empurrão na Grace para ajudá-la a entender:

– Tudo bem, então – eu lhe disse –, agora complete a frase: "O acaso não existe. Tudo tem uma razão para acontecer, e a razão de eu estar passando por esta dificuldade de me sentir uma pessoa sem atrativos e não ter um relacionamento é..."

– Acredito que eu poderia ajudar algumas crianças carentes a encontrar uma oportunidade no mercado da música.

– Tudo bem, mas agora vamos pensar no significado mais profundo. Acho que o motivo de você ter essa luta pessoal foi para que pudesse encontrar algo em que acreditasse piamente e a razão para isso é algo que talvez a deixe apavorada.

— Epa – disse Grace. – O que você quer dizer com isso?

— Você estava tranqüila, iniciando sua vida adulta. Você está trabalhando e, de repente, olha para todas aquelas crianças que conhece e que não têm uma oportunidade. É de cortar o coração. E, corrija-me se eu estiver errada, um pensamento era recorrente em sua cabeça: *Tenho de fazer algo por essas crianças*, mas você também deve ter percebido que não podia fazer muita coisa sozinha. Agora me encontro numa situação difícil, mas acho que, de alguma maneira, quando era criança, você recebeu a mensagem de que não era uma pessoa importante se não fizesse algo grandioso.

Grace reagiu imediatamente:

— Você sabe o que meus pais costumavam me dizer quando eu vinha para eles chorando porque alguém tinha zombado de mim por ser gorda? Eles diziam: "Você vai mostrar a eles." E, quanto mais eu chorava ou quanto pior o incidente, mais eles reforçavam como, um dia, eu mostraria a eles. Sabe, durante toda a minha infância, não acho que sabia o que significava "mostrar a eles". Mas, sim, eu sempre soube que teria de fazer algo grandioso. Mas tudo isso ficou muito ligado à imagem que eu tinha de mim mesma. É por isso que eu acho que tinha de me tornar bem-sucedida neste mercado da moda que é a música. Eu precisava de um tremendo golpe de sucesso e fama para mostrar a eles de verdade. Mas aquilo era para eles.

"Trabalhar com aquelas meninas carentes era algo para *mim*. Suponha que eu nunca tivesse sido gorda. Sempre penso nisso. Sabe de uma coisa? Nunca se sabe, mas continuo achando que toda aquela pressão de meus pais para que eu 'mostrasse a eles' não era só sobre o fato de eu ser gorda. Acho que eu estaria sob aquele tipo de pressão de qualquer maneira. Meus pais eram desse jeito. Não tenho certeza se eu não era mesmo a Rainha da Superficialidade quando era criança.

"Talvez eu precisasse experimentar como é ser humilhado para ser capaz de me importar com as pessoas que foram humilhadas, para que eu pudesse fazer algo que *me* mostrasse que eu realmente tinha algo especial a oferecer. Não uma coisa legal apenas, mas algo valioso de verdade. É muito engraçado: sempre achei que meu corpo fosse uma armadilha. Agora entendo como, de algum outro jeito, ele me libertou da armadilha."

Despertando para sua missão

Talvez você seja como Grace. O significado da situação por que passou era para que pudesse descobrir sua missão, e você já descobriu. Ou talvez este seja seu significado, mas você ainda não descobriu qual é sua missão – talvez a própria idéia de ter uma missão seja nova para você.

De qualquer modo, você precisa saber se este é o motivo para a experiência que teve na vida. Por favor, responda ao questionário a seguir para ver se esta razão se aplica a você:

- Você sempre teve em mente um desejo de fazer um sacrifício por algo em que acredita?
- Em sua infância, você recebeu a mensagem de que tem de realizar algo grandioso e importante em sua vida?
- De vez em quando, você sente que tem de justificar sua existência, como se simplesmente levar a vida e não magoar ninguém não fosse suficiente?
- Sentir-se orgulhoso de si mesmo é algo que tem uma grande importância para você? E quando você pensa em se sentir orgulhoso de si mesmo, isso sempre tem a ver com fazer algo que tenha um diferencial?

- Seus heróis sempre foram pessoas com a vida pautada pela intensidade com que viviam ou pela maneira como defendiam as coisas em que acreditavam?

Se você respondeu "sim" a três ou mais dessas perguntas, então a razão da experiência pela qual passou é para que você estivesse livre para aproveitar sua vida com uma intensidade especial, com base em algo que você queria realizar ou na forma como queria viver.

Isso não significa que tenha de levar a vida inteira lutando por uma causa, tampouco que seja uma causa importante para todo mundo, a não ser para você mesmo. Poderia ser algo como trabalhar como voluntário em sua igreja, sinagoga, mosteiro ou templo. Ou trabalhar com seus vizinhos plantando flores para embelezar a rua onde moram. Poderia ser viajar para os lugares mais remotos do mundo. Ou viver de tal maneira que não tivesse tempo nem para ver televisão.

A questão é, portanto, que você não esteja agindo para se manter ocupado ou porque seus amigos estão fazendo o mesmo. Está agindo porque percebe bem no cerne da ação que isso dá significado à sua vida. E você sabe que precisa mais do que um senso de significado.

Além da culpa

Encontrar sua paixão tampouco tem a ver com culpa. É bem verdade que algumas pessoas que passaram por situações difíceis se sentem culpadas. Como eu mesma as conheço muito bem, sei que elas podem se sentir culpadas por terem sobrevivido, ou por não terem previsto o que aconteceu. Existem muitas razões. Às vezes, quando nos sentimos culpados, achamos necessário fazer algo para expiar nossa culpa.

Mas o que aprendi foi o seguinte: se encontrar uma causa em que acreditar ou por que lutar *não* é a razão para algum episódio que lhe aconteceu, então lutar por ela não afetará seus sentimentos de culpa. Portanto, você não tem de se sentir culpado por não ter uma causa, porque isso não era esperado de você.

Porém, se esta é uma razão para você, então encontrar algo em que acredita e que você tenha vontade de fazer lhe trará mais benefícios do que simplesmente aliviar a culpa. Isso lhe dará esperança e lhe apontará uma direção porque terá encontrado seu significado.

Encontrando sua paixão

Para muitas pessoas, a revelação do significado para o que lhes aconteceu é fazer com que elas levem a vida com uma intensidade especial. E isso é tudo de que precisam. Agora, elas podem compreender por que têm vivido com tanta intensidade. Outras pessoas acham que agora podem compreender o sentido dos sentimentos, que antes eram um mistério: "Ah, então é isso que estava me faltando: preciso levar a vida com total intensidade; não é de admirar que eu me sentisse tão inquieto e sufocado." E ainda outras pessoas podem sentir que podem realmente ir adiante e agir em relação ao sentido de missão que sempre souberam existir dentro de si.

Algumas pessoas, porém, precisam de um pouquinho mais. Elas entendem o significado do que lhes aconteceu. Elas conseguem sentir a necessidade de viver com um sentimento de intensidade. Mas não sabem para onde conduzir sua paixão. Elas não sabem qual é sua paixão.

É duro perder uma missão – se você tiver uma, sabe o que significa. Mas, se você ainda não souber qual é sua missão, como fazer para descobri-la?

Eis aí uma pergunta importante. Todos os meus anos trabalhando com pessoas me mostraram que muitos de nós temos um desejo de fazer algo especial de nossas vidas... e paramos por aí. Especial como? Onde? Com quem? Não temos nenhuma dica. Sabemos o que atrai nosso interesse, mas geralmente nos interessamos por muitas coisas e não sabemos o que fazer com o nosso interesse. Afinal de contas, ter uma missão significa ter algo específico de seu interesse e agir com o foco sobre ele.

Eu sei muito bem como pode ser duro identificar sua missão. Como uma criança sobrevivente do Holocausto, vivi obcecada pelas mesmas preocupações que outras pessoas como eu tinham. Não queríamos que algo como o Holocausto acontecesse novamente. Não queríamos que as pessoas esquecessem de tudo aquilo. Queríamos que as necessidades dos sobreviventes fossem atendidas. E como percebíamos que as crianças sobreviventes também tinham suas necessidades, também queríamos dar uma direção a elas.

Portanto, quando eu tinha 30 anos, associei-me a uma organização chamada One Generation After. Era uma alternativa de as crianças sobreviventes do Holocausto se unirem e fazerem algo a respeito das preocupações que acabei de mencionar. Finalmente, eu tinha uma causa! E me dediquei a ela de corpo e alma, como faço com tudo em minha vida. Eu me tornei diretora da agência de palestrantes do grupo e dava palestras em toda parte.

Eu me sentia muito feliz por estar envolvida em algo em que acreditava tanto. Mas depois teve início um processo de descoberta que eu não podia prever.

Quando você tem uma causa, tem de participar de reuniões. E eu descobri que realmente odiava reuniões. E me odiava por odiar reuniões. Que tipo de criança sobrevivente do Holocausto eu era se não conseguia sequer suportar reuniões, quando meus pais haviam suportado tantas coisas?

Existia um conflito claro entre a idéia que eu tinha de minha missão e o que era necessário para que eu a realizasse. E tudo piorou quando me pediram para que representasse o grupo num evento muito importante em Israel. Os sobreviventes do Holocausto e seus filhos, parentes e amigos se reuniram para uma comemoração histórica. O apelo emocional era organizar um evento em que todos colocassem uma rosa vermelha sobre um local especial no Museu do Holocausto, em Jerusalém. Logo, todos nós faríamos isso, centenas de nós tínhamos de ficar horas numa fila debaixo do sol quente.

Enquanto esperava na fila, murchando junto com minha rosa, debaixo do sol escaldante, algo em mim se rebelou contra a missão que eu achava que tinha. Tratava-se de uma missão que nascera da transformação das pessoas em vítimas, ou seja, era a vitimização daquelas pessoas. Tratava-se de colocar esta vitimização próxima do coração da pessoa que eu era.

E percebi que esta missão não era *eu*, no sentido mais profundo possível. Toda a minha carreira como terapeuta, pesquisadora e escritora foi dedicada a lutar contra o sentimento das pessoas de que elas eram caracterizadas pela vitimização. A principal razão de eu estar escrevendo este livro é para ajudar as pessoas a se conformarem com algum episódio do passado para que possam se libertar e seguir adiante, depois de extraírem o aprendizado necessário.

Finalmente, chegou minha vez e coloquei minha rosa sobre todas as outras. Em pouco tempo, ela estaria perdida debaixo de todas as rosas que as outras pessoas colocariam ali depois de mim. E eu entendi que cumpri uma missão que nunca fora minha de verdade.

Olhando pela janela do avião, no vôo de volta para casa, dei-me conta de algo novo em relação ao significado de eu ter sobrevivido enquanto tantos haviam morrido. Retornei daquela viagem totalmente voltada para uma mudança radical. Eu realmente tinha uma causa pela qual lutar. Eu precisava de uma causa pela qual lutar. Mas essa causa não era recordar o passado. Em toda a minha vida, eu nunca tivera um herói cuja vida tivesse sido dedicada a recordar o passado. Todos os meus heróis foram pessoas que salvaram vidas. Mas eu já estava salvando vidas, do meu jeito, como terapeuta. Eu jamais poderia salvar a vida das pessoas que morreram no Holocausto. Eu jamais poderia dar à minha mãe uma infância com amor e cuidados ou uma juventude cheia de esperança por algo além da sobrevivência. Mas eu podia ajudar outras pessoas.

Portanto, nem sempre sabemos qual é a nossa paixão quando estamos no início de nosso processo de desenvolvimento. É fácil achar que algo é nossa paixão quando, na verdade, não é. Mas o que você pode fazer? Se você sabe qual é a sua paixão, tudo bem. Mas, se tudo o que você sabe é que a razão de algo lhe ter acontecido é para que você possa ter um sentido de missão, tudo o que pode fazer é dar o seu melhor palpite, lançar-se nele, senti-lo e, se não for o sentimento correto, encontrar outro. Isso é exatamente o que todos que encontraram sua missão fizeram. Mas não fique parado esperando que ele venha até você.

Tenho três grandes conselhos para as pessoas que estão à procura de um jeito de dar vazão à enorme intensidade que possuem. Para esses conselhos, tomo como base as histórias que durante anos acumulei de pessoas que estavam felizes com suas missões na vida.

Primeiro: *pense em coisas simples e concretas*. O que é pessoal e imediato sempre parece ser mais importante para as pessoas do que algo abstrato e remoto. É por isso, por exemplo, que as pessoas geralmente assumem uma missão ligada a outras pessoas e a eventos que tocam suas vidas de um jeito pessoal. Além disso, ao pensar em coisas simples e concretas, você está mais apto a agir. Agora você pode entender por que tantas pessoas que ficam motivadas por sua própria intensidade acabam abrindo seus próprios negócios.

Segundo: *são as ações, não as boas intenções, que trazem satisfação*. Depois de perder o marido com câncer no cólon, Katie Couric fez uma colonoscopia ao vivo no programa *Today*, para demonstrar a importância de se fazerem exames periódicos e mostrar que não é um exame tão doloroso como se pensa. Se você não sabe o que fazer em relação a seu sentido de missão, não se preocupe, pois a maioria das pessoas não tem certeza sobre isso. Mas, se você faz *alguma coisa*, seja lá o que for, ficará muito mais realizado, além de aprender mais sobre a direção que deve seguir. Não tem de ser um compromisso enorme, basta simplesmente fazer *alguma coisa*.

E terceiro: *agrade a si mesmo*. Este pode parecer um conselho estranho. Encontrar uma vida cheia de intensidade não significa necessariamente ajudar os outros. Sua missão também pode ser ajudar a si mesmo. As pessoas mais realizadas na vida e que obtiveram a maior satisfação a partir de seu sentido de missão foram as que deram mais atenção a si mesmas e tentaram se agradar.

Lembro, por exemplo, de uma senhora inglesa, Gladys Aylward, a heroína do livro e do filme, ambos baseados em sua vida, *The Inn of the Sixth Happiness*. Ela era uma serviçal sem instrução que sonhava servir como missionária na China. Só isso seria capaz de satisfazê-la. Ela encontrara todo tipo de obstáculos, mas não deixava ninguém dissuadi-la de seu sonho. Ela finalmente chegou à China, onde fez um trabalho maravilhoso cuidando de crianças e salvando suas vidas.

Se existe uma contradição entre o que você tem de fazer para agradar a si mesmo e o que significa pensar em coisas simples e concretas, por favor, trate de se agradar primeiro.

Enormes potes de doces

RAZÃO 10: PARA AJUDÁ-LO A SE TORNAR
UMA PESSOA BOA DE VERDADE

Nada lhe proporciona uma vida boa como ser uma pessoa boa.

Muitas pessoas nunca serão capazes de entender isso. Não que sejam pessoas más, mas não estão voltadas para a bondade verdadeira. Elas magoam as pessoas sem se darem conta de que o fizeram. Elas se deparam com milhões de oportunidades de fazer boas ações e sequer prestam atenção a elas. É óbvio que elas possuem bens, viajam, relacionam-se com outras pessoas. Mas existe um certo vazio do qual nunca vão escapar porque não têm a habilidade de se tornar pessoas boas de verdade.

Alguns de nós, porém, também estamos vivendo nesse vazio, privados da vida doce e radiante que as pessoas boas de verdade levam. Mas *não* estamos presos para sempre. Temos fontes inexploradas de bondade que desconhecemos até que algo acontece para nos fazer acordar.

Nunca esquecerei de Roger, o homem mais rico e bonito que pode existir no mundo. Ele também parecia ser um cara legal, de um jeito despretensioso e meio voltado para si mesmo. Ele nunca havia magoado ninguém deliberadamente, fazia doações em cheque para causas sociais sempre que era solicitado, mas raramente se preocupava em ajudar alguém.

Roger ficou totalmente desolado porque sua jovem esposa decidira se separar dele.

À medida que passei a conhecê-lo melhor, minha imagem sobre ele mudou. Roger não era um cara legal como ele próprio achava que era. Mesmo com todas as dádivas que a natureza lhe proporcionou, ele não fazia muito para retribuir o que recebera. E de um jeito tolo e negligente ele havia magoado muitas pessoas – abandonara velhos amigos, fizera comentários maliciosos sobre seus sócios. Sua esposa o deixara devido a várias crueldades casuais – nada de muito chocante, apenas atitudes impensadas de negligência e ataques ocasionais de raiva.

Quando destratava as pessoas, destratava a si próprio também. Seu pai o havia intimidado. Não em termos de abuso infantil, mas, pensando em fazer de Roger um homem de verdade, seu pai costumava magoá-lo, ignorando a dor que está implícita quando um garoto percebe que, para se tornar um homem, é preciso sofrer.

Roger me procurou para obter alguma explicação para o que havia acontecido com ele. Talvez fosse uma questão de saber por que sua esposa ficara maluca. Ele teria aceito qualquer história sobre as suas próprias questões psicológicas. E ficou surpreso quando soube que a razão de ter perdido a mulher que amava era para ensinar-lhe como se tornar um homem bom de verdade.

Roger havia sido um excelente jogador de basquete e estava acostumado a aceitar as orientações do treinador. Então, como bom jogador, ele aceitou o que eu disse a ele e fez de tudo para ser a melhor pessoa que sua imaginação poderia conceber. Ele prestava atenção às pessoas que poderiam estar passando por alguma dificuldade e precisando de sua ajuda e acabou se tornando um amigo de todas as horas. Em um ano, ele era mais feliz do que nunca fora em sua vida.

Nem sempre é preciso que aconteça uma tragédia pessoal para nos ensinar uma grande lição. Certa noite, minha amiga Viv estava indo para casa a pé e, quando virou a esquina, viu um grupo de pessoas em volta de alguém que certamente havia acabado de ter um ataque cardíaco fatal. É claro que ela ficou chateada de ver aquela cena. Mas ela nem mesmo conhecia o homem, então, por que aquilo teve um *significado* tão grande para ela?

Ela me relatou o seguinte:

– Quando vi aquele homem no chão, ficando pálido, a "ficha caiu" e eu imediatamente pensei que aquilo poderia ter acontecido comigo. Tenho de começar a ser uma pessoa melhor, se posso morrer assim, de uma hora para outra.

Eu mesma posso me identificar com este relato. Há momentos em que acredito que sou uma pessoa boa. Nunca fui capaz de ferir alguém de maneira deliberada. Tento ajudar as pessoas sempre que posso. Mas sejamos honestos: sou uma pessoa boa, mas também sou preguiçosa. É bem verdade que existem muito mais coisas que posso fazer para me tornar uma pessoa muito melhor. Também acho que as pessoas boas se preocupam em fazer o bem, e aí percebemos todas as pequenas situações em que não vivemos de acordo com nossos próprios padrões. Ou será que percebo esses pequenos deslizes morais porque não sou realmente uma pessoa tão boa quanto acho que sou?

É difícil saber, não é? Mesmo se a resposta mais fácil for "Sim, você é uma pessoa legal", quando olhar de perto, quem sabe o que encontrará?

Bom, melhor, o melhor

Sei o que você, leitor, deve estar pensando: *Como isso se aplica a mim? Eu já sou uma pessoa superlegal! Por que alguma coisa de grave haveria de me acontecer para me ensinar que preciso me tornar uma pessoa melhor?*

Eu sei, acredito em você. Mas só porque você conseguiu alguns créditos não significa que tenha obtido o *status* de "pessoa legal". A questão é viver de acordo com seu potencial para ser uma pessoa ainda melhor; manifestar, de fato, o máximo de seu ser, alguém que não seja legal de um jeito superficial e descomprometido, mas de um jeito forte e comprometido.

Barbara Bush foi uma pessoa muito legal antes de seu marido se tornar presidente dos Estados Unidos. Mas, depois, ela passou por uma experiência que define como os seis meses de mais profunda depressão, quando sentiu que havia desperdiçado a vida e perdido a vontade de viver. Em vez de procurar ajuda, ela simplesmente permaneceu naquele estado de depressão, que, graças a Deus, passou.

Ela descreve como aquela experiência fez dela uma pessoa melhor. Antes, quando via as pessoas passando por fases difíceis, ela as criticava porque elas simplesmente "não saíam daquele estado". Mas, depois, aprendeu a lição. Ninguém sofre daquele jeito porque voluntariamente se nega a sair de uma situação. Barbara Bush teve um exemplo de como pode ser difícil para as pessoas superarem suas dificuldades. Ela passou por aquela experiência tão dolorosa para exercitar a compaixão, algo que todos nós precisamos fazer de vez em quando.

Minha pesquisa mostrou que existe algo em comum entre todas as pessoas que perceberam que o significado de um episódio em suas vidas era a necessidade de se esforçarem mais para se tornar pessoas boas de verdade. Precisavam entender que o sofrimento resulta de ações negativas que praticam em relação aos outros, e mais, que elas próprias ficam mal. Portanto, também sabem como é ficar do outro lado da situação.

Eis, então, o diagnóstico. Uma única pergunta:

- Você já sofreu uma perda ou dor em sua vida por ter sido maltratado *e* por ter maltratado alguém?

Se sua resposta a essa pergunta for "sim", então o significado do que lhe aconteceu é para ajudá-lo a ver como é importante para você se tornar uma pessoa melhor – não um pouquinho melhor, mas uma pessoa realmente boa.

Ser bom e fazer direito

É difícil para uma pessoa aceitar que isso se aplica a ela. Por exemplo, quando você passa a infância numa comunidade pobre – como ocorreu comigo – fica se perguntando se vai conseguir vencer aquela situação, o que, no fundo, significa fazer algo que o faça se sentir orgulhoso de si mesmo. Você sabe que seu pequeno mundinho tem a tendência de prendê-lo numa armadilha, limitando suas esperanças e oportunidades, atolando-o na lama. Você conhece pessoas jovens mais velhas do que você, de boa aparência, inteligentes, charmosas, e um belo dia lá estão elas, casadas e morando na vizinhança, com filhos e num emprego que não as levará a lugar algum. Você sabe o quanto é difícil viver bem. Portanto, ser uma pessoa legal pode estar em segundo plano em sua escala de prioridades.

Sharon era minha amiga de infância, uma dessas crianças que você sabe que um dia será alguém na vida. Ela tinha aquele foco que fazia toda a diferença, além de ter talento também.

Os pais de Sharon eram operários de uma fábrica de roupas. Sharon queria ser *designer*. Em seu bloco de anotações, ela vivia desenhando mulheres de pele muito claras, macérrimas, de pescoço alongado, vestindo roupas lindas de todos os tipos, desde vestidos de festa até roupas sob medida.

E Sharon conseguiu. Ela ficou famosa no início dos anos 1980 e se tornou uma jovem estilista muito conhecida. Como os pais trabalhavam na indústria de vestuário, conhecia o negócio e acabou enriquecendo. Na verdade, ela conseguiu tudo, inclusive um marido bem-sucedido do mercado financeiro de Wall Street.

A questão é a seguinte: se você a tivesse conhecido antes, quando tudo isso estava começando, você teria gostado muito dela. Contrariando a imagem de pessoas que conseguiram sair de um ambiente hostil, o sucesso de Sharon estava ligado ao fato de que ela era uma pessoa genuinamente boa. Se um amigo lhe pedisse ajuda, lá estava ela, pronta para ajudar. E Sharon jamais feriria alguém em seu caminho rumo ao sucesso.

Mas, à medida que ficava mais ocupada, ela se tornava menos preocupada em ser uma pessoa boa. Raramente deixava seus afazeres para ajudar alguém. Ser boa era o mesmo que não fazer nada de mau e, de vez em quando, assinar um cheque e fazer uma doação qualquer, a qual não lhe faria a menor falta.

Então, aconteceu a Sharon um episódio que a deixou arrasada. Ela foi informada por seu advogado que seu marido queria se separar dela. E mais, requeria a custódia dos dois filhos. O marido achava que o "estilo de vida" que ela levava não era bom para os meninos porque, reclamava ele, ela só queria saber de trabalhar e sair com pessoas que vestiam aquelas roupas esquisitas.

Os três anos que se seguiram foram piores do que se seu marido tivesse morrido. No auge de sua perda, havia um forte sentimento de rejeição, um medo enorme de perder os filhos e a incapacidade de entender por que aquilo tudo estava acontecendo com ela e a consumia como vermes consomem um cadáver. Tudo o que ela sabia é que o marido não queria mais ficar com ela, além de algumas vagas referências sobre coisas terríveis que andara fazendo.

Cerca de cinco anos depois desse período, Sharon me procurou. Eu havia perdido o contato com ela, mas ouvia boatos sobre as confusões em que se metia. Quando saímos para jantar, fiquei surpresa ao ver que a mulher sentada à minha frente irradiava energia emocional.

Depois que Sharon me colocou em dia sobre tudo o que havia lhe acontecido, acrescentou:

— Agora estou ótima; mais do que ótima. Houve uma fase em que eu não sabia o que estava acontecendo com minha sanidade. E mesmo depois que as coisas ficaram claras e eu me vi às voltas com a custódia compartilhada, ainda estava arrasada. Tinha sido uma rejeição enorme e eu me sentia muito ameaçada. É claro que eu me sentia péssima comigo mesma. Pensei: *Que diabo há de errado comigo?* Será que sou esta pessoa tão nociva assim? Mas eu sempre, sempre, me achei uma pessoa extremamente legal.

"Depois, aconteceu esse problema no trabalho. Um cara era responsável por nossa produção no Oriente, mas ele simplesmente não conhecia nada da região. Não conseguia lidar com as pessoas de lá. Eles estavam nos comendo vivos. Ele era um cara mais velho. E eu pedi a uma de minhas vice-presidentes que o demitisse. Ela me contou que ele havia reagido muito mal e que ela se sentia péssima por ter de demiti-lo. Ainda furiosa, disse a ela: 'Quem está na chuva, é para se molhar. Eu não posso ser babá das pessoas.'

"Ela, que estava comigo desde o início do negócio, me lançou um olhar de surpresa, como se dissesse: 'Quem é você mesmo? Não a reconheço mais.' Virou as costas e foi embora. Sua atitude demonstrou que não estava mais conseguindo lidar comigo, como se eu fosse um caso perdido. Foi *aquela* atitude que realmente me fez parar para pensar.

"Eu não sabia com quem falar. Procurei minha tia, que era como uma segunda mãe para mim, e lhe perguntei: 'Tia Rose, eu sou uma pessoa boa?' Ela apenas suspirou. *Ah, que bom!*, pensei. *Que grande conselho!* Então, pedi a ela que falasse tudo. E ela me disse: 'Olha, Sharon, você é uma pessoa de muita sorte. Você recebeu muitas dádivas. E costumava fazer de tudo para ser boa. Mas, agora, acho que você machucou um bocado de gente, sem parar para prestar atenção ao que estava fazendo.'"

De repente, Sharon passou a ver muitas coisas que não via antes. Ela estava começando a se tornar uma daquelas mulheres frias e duras que reclamam que ninguém vê como elas são vulneráveis por dentro. Percebeu que talvez a sua melhor parte havia se perdido. E disse a si mesma: *Não quero ser uma pessoa que simplesmente não é má. Quero ser uma pessoa boa de verdade – sabe, uma pessoa que realmente faz coisas boas.*

A mulher que estava ali sentada na minha frente havia se transformado. Sharon entendeu que seu marido fora o primeiro a se manifestar e outras pessoas também começaram a ficar saturadas das atitudes dela. Sua dedicação para ser uma pessoa boa transformou seus relacionamentos com todos a seu redor.

Respondendo ao chamado

Existem muitos tipos de chamados. Alguns vêm em forma de sonho. Freddie tinha cerca de 30 anos e era um empresário promissor que vivia se relacionando com um grupo de irresponsáveis perdulários. Numa viagem a Los Angeles, Freddie foi a uma festa regada a prostitutas e cocaína. Por conta de uma *overdose*, foi levado para o hospital e quase morreu. Quando o fato veio à tona, sua noiva o deixou.

"Por que toda aquela situação estava acontecendo justamente com ele?", perguntou-se. Nenhum de seus companheiros teve problemas, e alguns na verdade até chegaram a consumir mais drogas do que Freddie.

Certa noite, depois desse episódio, Freddie teve um sonho. Ele era um garotinho que entrava no estúdio de seu avô, onde havia enormes potes de doces. "Pegue o que quiser", disse o avô ao menino. Freddie acordou aos prantos.

Às vezes, *sabemos* o que um sonho significa. E Freddie sabia. Seu avô morrera há muitos anos. Ele fora um homem poderoso que havia crescido sozinho, era um exemplo na comunidade, o patriarca da família. Freddie era seu neto preferido.

Freddie sentia que o significado de seu sonho era que ele poderia ser tudo o que seu avô havia sido: "Pegue o que quiser... das coisas boas que tenho." A chave para o sonho eram as lágrimas que Freedie havia derramado ao acordar. Eram lágrimas de culpa e remorso por causa das coisas estúpidas e inúteis que havia feito.

Agora, ele entendia que havia uma razão para ter entrado naquela tremenda confusão: lembrá-lo do fato de que a única coisa que lhe interessava era que, um dia, poderia ser como seu avô, um homem de fibra, não porque era rico, mas porque era uma pessoa boa. E se Freddie não se tornasse uma pessoa boa, jamais se tornaria um homem de fibra. Às vezes, você não se dá conta do que tem, até perder tudo.

Existem muitas pessoas como Freddie. A imaturidade, as distrações, o interesse de viver somente o momento presente, a preguiça – todos esses fatores impedem que essas pessoas vejam o quanto precisam ser boas. Geralmente, é necessário que aconteça algum desastre para que revele a elas seus destinos.

Ser melhor do que você acha que é

Vou contar a história de Bradford. Tinha 29 anos, era um homem negro, grande, forte e de aparência um tanto rústica. Era dono de uma oficina onde fabricava manualmente móveis sofisticados de madeira. Vestido com calças de um tecido grosso num tom de marrom e um cachecol preto em volta do pescoço, parecia pouco à vontade para falar de sua vida e de seus sentimentos.

Bradford tinha vivido uma infância horrorosa, de deixar boquiabertas até mesmo pessoas experientes como eu. Teria sido melhor se seu pai tivesse simplesmente abandonado a família. Mas ele abandonou a família e depois voltou, gastou todo o dinheiro, vivia bêbado, batia na mãe, abandonou a família novamente, para depois retornar, e começar tudo de novo. A mãe arrastava Bradford e as irmãs de um lado para outro da cidade, onde conseguia alguns empregos mal remunerados, envolvia-se com homens violentos e bebia para esquecer a dor.

Bradford teve de tomar conta das irmãs. Ninguém nunca tomara conta dele.

– Não estou aqui para reclamar – ele me disse no início de nosso trabalho juntos. – Muito pelo contrário. Minha infância está viva em minha cabeça e quero me livrar dela porque, para mim, ela só representa o sofrimento. Estraguei todos os relacionamentos que tive. Receio que nunca serei capaz de me abrir ou relaxar com alguém com quem eu me envolva. Sinto-me como se fosse um carro feito numa fábrica extremamente ruim e tudo o que esse carro pode pensar é o quanto é horrível. Sei que isso é errado e estúpido. Quero parar de me sentir assim.

"Vivo me perguntando *Por que isso aconteceu comigo, por que tive uma infância como aquela?* Quero me libertar de toda essa história de meu passado. Quero parar de pensar sobre isso. Quero me aproximar das pessoas, parar de me sentir uma vítima. E ser feliz. Se eu puder encontrar uma razão para tudo isso, já seria bom."

— Gostaria de lhe fazer uma pergunta, Brad — eu lhe disse. — Sei que você passou por situações extremamente difíceis quando era criança. Em sua opinião, que diferença aquilo fez para você?

— O que você quer que eu diga? Aquilo me aniquilou e me levou à loucura.

— Tudo bem. Geralmente, quando somos levados à loucura, dizemos "Vou fazer... *alguma coisa*". E, então, no seu caso, o que é?

— Eu estava louco e *não* queria fazer nada. Só queria ter certeza de que não iria fazer a mesma coisa quando viesse a ter minha família. É como diz o ditado: "Não faça aos outros aquilo que não quer que façam com você", ou algo assim.

Em vez de ficar ofendido, Bradford concordou totalmente comigo:

— Na verdade, não entendo a situação, mas fico assustado de ver como às vezes me comporto como um perfeito idiota. Lembro-me do meu pai... se ele estivesse passando e você estivesse no caminho, ele simplesmente o jogava contra a parede. Vejo-me pensando claramente que jamais seria assim. Mas não, lá na oficina, quando os operários cometem um erro, às vezes chego a ser bruto. Não estou tentando ser sórdido. Mas, de repente, me dou conta de que talvez meu pai também não estivesse tentando ser sórdido. As pessoas sórdidas não tentam ser assim; elas simplesmente são. E odeio quando me comporto daquele jeito. Não poderia me sentir pior.

— Mais uma pergunta, Brad. Você já sentiu uma dor de verdade por ter maltratado alguém?

— Foi o que acabei de dizer — Bradford respondeu rispidamente. — Você não estava me ouvindo? Eu seria capaz de ferir um cara que trabalha comigo e poderia ver que ele estava ferido. Você sabe porque ele passa a evitar você o resto da vida, como se você fosse feri-lo novamente. Posso ver isso e sei que fui eu o responsável.

— Bem, Brad, tenho de lhe dizer que você se enquadrou perfeitamente no padrão. Acho que posso mostrar a você, neste exato momento, um meio de encontrar a razão de tudo o que lhe aconteceu. O que lhe aconteceu foi para lhe mostrar que você pode ser uma pessoa melhor. Mais do que isso: para ajudá-lo a ser uma pessoa genuinamente boa. Analise a situação. Você foi maltratado, e isso o feriu. Maltratou os outros, e isso não feriu apenas aquelas pessoas; seu gesto também o feriu. Isto significa que você faz parte do clube – o clube das pessoas que encontram a razão para o que aconteceu com elas a partir da descoberta de que elas precisam, e precisam *mesmo*, se tornar pessoas boas.

— Agora, me diga – continuei. "Você não fica mobilizado ao saber que quer ser uma pessoa boa, e que você pode ser, mas percebe que não é uma pessoa boa de verdade, como gostaria de ser? – Eu estava correndo um risco. Afinal, ele podia dizer *não*.

Bradford me deixou atordoada. Com uma voz baixa, ele me respondeu:

— Sempre me vi como uma pessoa má. Esta é a verdade. Eu tinha medo de ser como meu pai: mau como ele e fraco como minha mãe. Fico às voltas com a idéia de que *sou um cara legal*, mas isso é uma fachada. Não quero que você saiba o tipo de pessoa que eu acho que sou.

— Talvez o aprendizado de ser bom de verdade pode ser algo que você apreenda de tudo que lhe aconteceu porque você tem a capacidade de ser uma pessoa bem melhor do que imagina. Eu simplesmente não acho que as pessoas que são realmente más tenham consciência de que são más. O fato de ter pensado isso é um sinal de que você sempre quis trilhar o caminho que vê à sua frente.

– Então, o que faço agora?

A jornada de Bradford havia começado.

Depois de nosso trabalho juntos, recebi um bilhete de Bradford. Transcrevo, a seguir, parte do que ele me escreveu:

> *Às vezes, ainda não consigo acreditar que o que a vida vinha tentando me ensinar era que eu precisava ser uma pessoa melhor. Olho para as minhas mãos que manuseiam a madeira o dia inteiro. Todos os dias, depois do trabalho, passo uma loção nas mãos para que fiquem macias. Agora, descobri que a razão de eu ter passado por todas aquelas situações em minha vida foi para me amaciar e me transformar numa pessoa gentil e mais compassiva.*
>
> *Acho que eu não chegaria a essa conclusão sozinho, nem que vivesse um milhão de anos. Você simplesmente fica preso à idéia de que as coisas duras fazem você duro. Todas as loucuras por que passei durante a minha infância – olha, se você não pode aprender a cuidar de si mesmo, você está ferrado. Aprendi a me cuidar. Acho que teria aprendido a cuidar de mim mesmo, de uma forma ou de outra. É isso. Eu sou um cara duro. A razão de tudo o que me aconteceu em minha vida não foi para me fazer um cara mais duro. Foi para me ajudar a completar o quadro, tornar-me um pouco mais gentil, doce, delicado e, se Deus quiser, um cara mais fácil de se amar, um dia.*
>
> *Eu só queria lhe agradecer, Mira, por ter me ajudado nessa história toda.*

À medida que a carta continuava, pude entender que Bradford foi em busca de sua nova vida com uma mistura típica de ceticismo e praticabilidade. Pela primeira vez na vida, ele decidiu que iria se relacionar bem com as mulheres. Ele sentia que isso iria ajudá-lo a ver o caminho para se tornar uma pessoa melhor.

Uma das mulheres com quem fez amizade trabalhava com meninas adolescentes em situação de risco. Bradford elaborou um programa para ensinar a essas meninas o ofício da carpintaria. Essa mulher, por quem Bradford acabou se apaixonando, tinha uma filha de cinco anos. Hoje, eles são casados e ele adotou a menina.

Se funcionou para Madre Teresa...

E aqui estamos nós, com nossa vida cheia de compromissos. De repente, aprendemos que toda a equipe do *Jardim-de-infância Cósmico* trabalhou muito para nos ensinar que precisamos nos tornar pessoas boas de forma ativa e prática. Mas como fazer isso?

São coisas diferentes para as pessoas, mas a chave é *fazer algo* – não ficar parado pensando, mas agir de fato. Se a casa de seu vizinho estivesse pegando fogo, você não ficaria lá se perguntando sobre a melhor coisa a fazer – chamaria logo o corpo de bombeiros, traria cobertores para as pessoas que saíssem da casa, levaria os animais de estimação para a sua casa, para que ficassem tranqüilos, faria um café para os bombeiros.

Da mesma forma, se a razão de todas as dificuldades por que passou é que você precisa ser uma pessoa boa, então não fique aí parado, *faça alguma coisa*. E sempre pense sobre algo que possa fazer. Por exemplo:

- Pense em alguma coisa de que goste e faça algo em relação a isso.
- Pense em uma situação em que tenha sido ferido e faça algo para ajudar os outros que foram feridos do mesmo jeito.

- Na próxima vez em que for a uma festa, perceba aquela pessoa solitária, aproxime-se dela e puxe papo.
- Coloque-se no lugar de seu companheiro. O que você acha que o deixaria um pouco mais feliz? Vá lá, e faça.
- Empregue a energia que tem em sua vida para ser uma pessoa melhor. Isto é importante: você só tem de ser uma pessoa melhor, não uma pessoa diferente. Se está no trabalho, por exemplo, procure oportunidades de fazer o bem, da mesma forma que o faz em relação a ganhar dinheiro. Se você é bom no contato interpessoal, então encontre maneiras de ajudar as pessoas a se relacionarem.
- Não sinta pena de si mesmo. Pode parecer que você tem uma estrada íngreme à sua frente, mas é uma estrada que lhe trará muitas coisas, e você não está sozinho.

A história da humanidade está cheia de pessoas que aprenderam esta lição. Todos nós conhecemos a história de Rei Lear, de Shakespeare, um homem que possuía toda a riqueza e poder que uma pessoa podia querer e que decidiu acomodar-se. No processo, perdeu tudo – não apenas riqueza e poder, mas a única filha que realmente o amava. Mas tudo tem uma razão de ser. Para o Rei Lear, consistia na lição de como ser gentil. Como um rei, ele teve tudo. Mas não podia deixar esta vida até que aprendesse a ser uma pessoa boa de verdade.

Rei Lear foi uma dessas pessoas que se acham "ganhadoras", como se seu sucesso fosse inevitável. Ele pode começar a achar que esta inevitabilidade é resultado de seus talentos especiais ou até mesmo por ser um escolhido de Deus. Para esse tipo de gente, você pode prever o desastre futuro.

Mas o sucesso nunca é inevitável. Aqueles que acreditam que são ganhadores acabam ficando preguiçosos, auto-indulgentes, arrogantes. Não são pessoas boas, não são tão boas como poderiam ser. Portanto, quando algo ruim acontece, a razão pode ser muito clara. Elas precisavam de uma lição sobre a importância de ser uma pessoa boa, com um foco especial sobre a humildade.

Esta é uma questão instrutiva. Pense um pouco sobre o assunto. Cá estamos nós, vivendo no *Jardim-de-infância Cósmico*. As coisas nos acontecem para nos ensinar lições. O objetivo de tudo isso é o aprendizado. Portanto, é provável, bem provável, que possamos contornar a catástrofe, absorvendo o aprendizado antes de ela acontecer. Se somos humildes e assim permanecemos, é menos provável que algo nos aconteça para nos ensinar a humildade. Afinal, as pessoas humildes trabalham mais e não ficam contando como certos os bons resultados.

Posfácio

Parabéns! Você teve o corajoso sentimento de que a vida, a *sua* vida, está cheia de significados. Você se colocou disposto a assumir um grande risco para encontrar esse significado. *E agora o encontrou.*

Quero lhe agradecer por ser o tipo de pessoa que é. Todas as coisas boas da vida vêm de pessoas que possuem a profunda convicção de que tudo o que acontece – tudo o que fazem – tem um significado.

O fato de ter trilhado este caminho comigo significa que você entende isso. E, agora, acho que você também entende algo mais. Durante nossas vidas, renascemos continuamente à medida que criamos novos "eus" repetidas vezes, a partir dos embates que temos. Sempre que algo acontece conosco, algo importante o suficiente para nos sacudir, positivo ou negativo, isso nos alimenta com algum novo ensinamento pelo qual já estávamos esperando de alguma forma. E é a partir daí que nasce um novo "eu".

As oportunidades para esta constante renovação não cessam. Cabe a nós decidir se aceitamos este processo e tentamos entendê-lo. Podemos fazer isso abrindo-nos para o fato de que tudo o que nos acontece tem uma razão de ser e procurando por essa razão de acordo com o que foi passado neste livro. Se agirmos assim, o *Jardim-de-infância Cósmico* garante que todas as coisas boas possíveis para nós e as que podem vir de nós de fato aparecerão em nossas vidas.

Outro título da Editora Best*Seller*:

VAI DAR CERTO

Jael Coaracy

Vai dar certo, resultado do trabalho de Jael Coaracy como *personal & executive coach*, apresenta ferramentas que devem ser aplicadas no dia-a-dia para produzir atitudes de alto impacto que mudarão a sua vida. O livro funciona como um treinador pessoal de cabeceira, que o apoiará e motivará na busca da superação de seus limites e na conquista das realizações pessoal e profissional.

Você pode adquirir os títulos da
Editora Best*Seller*
por Reembolso Postal e se cadastrar para
receber nossos informativos de lançamentos
e promoções. Entre em contato conosco:

mdireto@record.com.br

Tel.: (21) 2585-2002
Fax.: (21) 2585-2085
*De segunda a sexta-feira,
das 8h30 às 18h.*

Caixa Postal 23.052
Rio de Janeiro, RJ
CEP 20922-970

Válido somente no Brasil.

Este livro foi composto na tipologia Minion,
em corpo 11/14 e impresso em papel off-white
80g/m² pelo Sistema Cameron da Divisão Gráfica
da Distribuidora Record.